THE SAVAGE STONE AGE
BY TERRY DEARY

Text Copyright ⓒ Terry Deary, 1999
Illustrations Copyright ⓒ Martin Brown, 1999
Translation Copyright ⓒ Gimm-Young Publishers, Inc., 2002
All right reserved.
This Korean edition is published by arrangement with
Scholastic Ltd., London through Eric Yang Agency, Seoul.

들썩들썩 석기 시대

1판 1쇄 인쇄 | 2002. 11. 10.
개정 1판 1쇄 발행 | 2019. 12. 5.

테리 디어리 글 | 마틴 브라운 그림 | 오숙은 옮김

발행처 김영사 | 발행인 고세규
등록번호 제 406-2003-036호 | 등록일자 1979. 5. 17.
주소 경기도 파주시 문발로 197(우10881)
전화 마케팅부 031-955-3100 | 편집부 031-955-3113~20 | 팩스 031-955-3111

값은 표지에 있습니다.
ISBN 978-89-349-9889-1 74080
ISBN 978-89-349-9797-9 (세트)

좋은 독자가 좋은 책을 만듭니다. 김영사는 독자 여러분의 의견에 항상 귀 기울이고 있습니다.
독자의견전화 031-955-3139 | 전자우편 book@gimmyoung.com
홈페이지 www.gimmyoungjr.com | 어린이들의 책놀이터 cafe.naver.com/gimmyoungjr

이 책의 한국어판 저작권은 EYA(Eric Yang Agency)를 통한 Scholastic Limited사와의 독점
계약으로 ㈜김영사에 있습니다.
저작권법에 의해 한국 내에서 보호를 받는 저작물이므로 무단전재와 무단복제를 금합니다.

이 도서의 국립중앙도서관 출판시도서목록(CIP)은 서지정보유통지원시스템
홈페이지(http://seoji.nl.go.kr)와 국가자료공동목록시스템(http://www.nl.go.kr/kolisnet)에서
이용하실 수 있습니다. (CIP제어번호 : CIP2019031989)

어린이제품 안전특별법에 의한 표시사항
제품명 도서 제조년월일 2019년 12월 5일 제조사명 김영사 주소 10881 경기도 파주시 문발로 197
전화번호 031-955-3100 제조국명 대한민국 ⚠주의 책 모서리에 찍히거나 책장에 베이지 않게 조심하세요.

차례

들어가는 말　　　　　　　　　7
석기 시대 연대표　　　　　　9
동물의 수난 시대　　　　　　18
먹지 못할 먹을거리들　　　　24
신나는 게임들　　　　　　　32
믿지 못할 믿음들　　　　　　38
선생님께 내는 문제　　　　　42
고생스런 고고학자　　　　　49
살 떨리는 삶　　　　　　　　78
의문스런 의식　　　　　　　90
석기 시대의 유령들　　　　127
맺는 말　　　　　　　　　139

들어가는 말

역사는 지겨울 수도 있다. 게다가 시간을 거슬러 갈수록 어떤 면에서는 더욱 지겨워진다!

물론 누구나 그렇게 말하는 건 아니다! 시간 여행의 재미를 즐기는 사람들도 있으니까. 그런 사람들은 시간을 거슬러서 다른 시대에 살아 보고 싶어할 것이다. 숙제도 없고 지구 온난화나 광우병도 없었던 그런 시대에.

사실 과거는 교과서에 나온 것처럼 썩 매력적이지는 않다.

그래도 많은 사람들이 옛날에는 사는 게 단순하고 쉬웠다고 생각한다. 백만 년 전에는 책이 없었다. 물론 뜨거운 비누 목욕도 없었고 냄새나는 양말도 없었다!

그런데 석기 시대가 정말 살기 좋았을까, 궁금하지 않은가? 물론 박물관에 가서 유리 진열장에 있는 돌화살촉이나 동물 가죽을 걸친 털북숭이 사람들의 조잡한 그림을 봐도 좋다. 하지만 그렇게 해서는 그 사람들이 어떻게 살았고 어떻게 죽었는지를 알기는 어렵다. 아니면 타임머신을 타고 기원전 1백만 년으로 다이얼을 맞춘 다음 스위치를 켜도 좋겠다(타임머신 조립법을 구하고 싶은 사람은 타임머신이 발명될 2346년까지 기다릴 것. 그렇게 오래 기다릴 수 없다면 다음의 준비물을 이용해 만들어 보도록. 자명종 시계 1개, 철사로 된 옷걸이 1개, 바나나 1개, 내일자 신문 1부. 물론 '타임스'지가 좋겠지?).

타임머신을 구할 수 없다면 석기 시대의 야만성에 관해 진실을 말해 줄 책 한 권만 있으면 된다. 여러분에게 필요한 것은 선사 시대 사람들, '역사'가 만들어지기 전 행복한 시대에 존재했던 사람들의 끔찍한 역사인 것이다. 내 말이 이상하게 들릴 수도 있겠다. 시간 여행보다 더 이상하게 말이다. 아무튼 여러분은 지금 이 순간 바로 그 책을 들고 있다.

그럼 뭘 기다리고 있어? 다음 번 석기 시대?

석기 시대 연대표

3,500,000년 전 : 동부 아프리카에 두 발자국이 찍힌다. 350만 년이 넘은 이 발자국들은 '인간' 이라는 생물이 두 발로 걸을 수 있음을 보여 준다. 애개개! 기저귀 찬 아기도 그 정도는 한다고? 맞다. 그러나 이로써 나머지 앞발이 손으로 발달하면서 인간들이 도구를 사용할 수 있게 된 것이다.

이 사람들을 유식한 말로 하면 '오스트랄로피테쿠스 (Australopithecus)' 라 한다. '남부 유인원' 이란 뜻이다. 이제 이 '인간' 들이 전 세계를 지배하게 된다.

3,200,000년 전 : 아프리카에 '루시' 의 두개골이 묻힌다. 두 발로 걸었던 이 여자의 별명은 비틀즈의 노래 〈Lucy in the Sky with Diamonds〉에서 따온 것! 루시의 키는 131cm 정도에 두뇌 용량은 겨우 400cc였다(현대 인류의 두뇌 용량은 대략 1,550cc이다. 여러분의 두뇌도 꺼내서 재어 볼 것. 여러분 두뇌가 루시 것 정도밖에 안

된다면 여러분을 가르치는 선생님이 정말 대단하신 거지). 고고학자들은 루시와 비슷한 생김새의 일가족 9명이 갑작스런 재앙으로 죽은 증거를 찾아냈다. 달아날 궁리를 하기엔 두뇌가 너무 작았던 모양이지! 이 사건은 지금까지 알려진 인간 역사에서 최초의 참사였다.

2,500,000년 전 : 에티오피아에서 최초의 석기들 발견. 이 석기들은 사람들이 동물 가죽을 긁어내 고기를 먹는 법을 알았음을 말해 준다. 그렇다고 이들에게 동물을 죽일 무기가 있었다는 얘기는 아니다. 전문가들에 따르면 이들은 야생동물이 잡은 고기를 훔쳤을 거라고 한다(교실 바닥에 사탕 몇 알을 떨어뜨려 본다면 그러한 손버릇이 현대 인간들에게도 유산으로 남아 있음을 알게 된다!).

2,500,000~1,500,000년 전 : 초기 인간들이 좀 더 '현대적'인 인류로 발전하면서 석기를 사용하게 된다. 이들을 '손재주 있는 사람'이라고 하는데 유식한 말로는 호모 하빌리스(Homo habilis)라고 한다.

1,800,000년 전 : 이 영리한 사람들이 지금의 탄자니아에 최초의 집을 짓는다. 현무암 조각들을 반원꼴로 쌓은 집인데 지붕은 나뭇가지로 덮었을 것이다. 아늑하지는 않지만 적어도 사글세나 전세값은 안 내도 되고 비싼 외제차를 여러분 집 앞에 주차한 이웃 때문에 배아플 일도 없었다.

1,790,000년 전 : 또다른 형태의 오스트랄로피테쿠스가 케냐에 살고 있다. 이 부분에선 입이 근질거리는데 이 사람은 이가 아주 튼튼 해서 '호 두 까 기   인 간 (Nutcracker Man)'이라는 별명을 얻었다. 그를 발견한 고고학자들이 그의 이가 호두를 으깰 정도로 튼튼하다고 생각했던 것이다.

1,600,000년 전 : 사람들의 몸집이 '호두까기 인간' 보다 훨씬 커졌으며 더 날렵한 도구를 사용하게 된다. 이 '똑바로 선 사람' (유식하게 보이고 싶다면 호모 에렉투스라고 해)들은 아프리카 밖으로 진출한다. 그러나 '손재주 있는 사람'들 역시 이 무렵까지도 살았던 것으로 밝혀졌다. 고고학자들은

이 새로운 사람들에게 '트위기'(Twiggy:갈비 씨), '조지'(George), '신데렐라'(Cinderella) 같은 재미있는 별명을 붙여 주었다.

1,000,000년 전 : 최초로 불을 사용한 시기일 것이다. 이제 새로운 형태의 사람이 등장한다. 100만 년 후 바로 '여러분'이 될 '지혜로운 사람'(호모 사피엔스-Homo sapiens)이다. 그의 뇌용량은 1,400cc로 '똑바로 선 사람'의 840~1,066cc보다 훨씬 크다. 이 무렵 또다른 형태의 사람도 있지만 호모 사피엔스가 유일하게 여러분의 조상이 된다. 1998년 6월 아프리카 북동부 에리트리아에서 가장 오래 된 호모 사피엔스에 속하는 두개골이 발견되었다. 이때까지는 최초의 호모 사피엔스가 나타난 때를 450,000년 전으로 보는 게 정설이었다. 역사학자들은 바로 이 시기를 구석기 시대의 시작으로 보게 된다.

800,000년 전 : 사람들이 유럽에 도착한다. 이곳에 맛있는 게 많아서인 것 같다(아니, 피자가 아니라 동물, 들딸기, 과일 같은

것들 말이다. 피자는 아직 발명되지 않았거든).

500,000년 전 : 호모 에렉투스가 유럽을 어슬렁거린다.

450,000년 전 : 호모 사피엔스가 전 세계로 퍼지고 음식을 요리해 먹게 된다. 그렇다고 "저도 좀 주세요"라고 말할 만한 것은 못 된다!

200,000~130,000년 전 : 유럽에 네안데르탈인(Neanderthal)이 등장한다. 호모 사피엔스는 아니지만 거의 그만큼 똑똑하다. 문제는 살아남을 만큼 똑똑하지 못해서 나중에 멸종하게 된다.

150,000년 전 : 빙하기를 맞아 유럽의 사람들이 동굴에서 추위를 피한다. 골치 아픈 것은 곰도 동굴을 좋아해서 가장 아늑한 자리를 차지하기 위한 침실 쟁탈전이 불가피했을 거라는 것!

128,000년 전 : 빙하기가 끝나면서 해수면이 높아진다. 영국은 유럽과 분리되고 날씨가 따뜻해져서 템스 강에서는 하마들이 헤엄친다. 그 하마들은 지금 거기 없으니까 가 봤자 소용없다. 하지만 몇몇 선사 시대 생물이 네스호 깊은 곳에 살아 있지 않을까?

120,000~100,000년 전 : 호모 사피엔스가 '좀더 현대적인' 인류, 호모 사피엔스 사피엔스(Homo sapiens sapiens), 그러니까 즉 '지혜롭고 지혜로운 사람'이 된다. 이 똑똑한 무리는 아프리카에 산다. 그 중 하나가 여러분 교실에 나란히 앉아 있다고 해도 여러분이 크게 놀라는 일은 없을 것이다. 물론 면도하고 세수하고 옷을 입는다면. 한편, 유럽에서는 네안데르탈인들이 최고였던 것으로 보인다.

70,000~30,000년 전 : 다시 빙하기가 되어 추워지자 호모 사피엔스 사피엔스는 유럽으로 옮겨간다. 캥거루한테는 안된

일이지만 초기 인류가 오스트레일리아를 발견하고 그쪽으로 이사한다. 유럽과 아시아의 사람들은 시체를 땅에 묻기 시작한다. 남자가 죽으면 짐승의 고기와 도구를 함께 묻어 주고 여자한테는 아무것도 넣어 주지 않는다.

40,000년 전 : 사람들이 도구를 만드는 솜씨가 아주 좋아진다. 이렇게 특정 유형의 석기를 만드는 전통을 고고학에서는 '공작(工作 industry)'이라고 하는데 이때쯤 최초의 공작이 탄생한다. 또 사람들이 미술을 창조해 작은 조각과 그림이 등장하기 시작한다. 동굴벽을 긁고 색칠한 것이 오늘날까지 남게 된다.

30,000년 전 : 네안데르탈인이 아직 스페인에 남아 있긴 하지만, 세계를 제패할 호모 사피엔스 사피엔스만 남겨두고 흔적도 없이 사라지기 직전이다. 아메리카에도 최초의 사람이 도착한 것으로 보인다. 들소들한테야 무척 안된 일이지만.

25,000~14,000년 전 : 마지막으로 빙하기가 다시 시작된

다. 아마도 네안데르탈인들은 빙하기가 오는 것을 보고 다시 1만 년 동안 얼어 지내느니 차라리 멸종하기로 한 게 아닌지….

15,000년 전 : 우주에서 온 슈퍼 인간들이 고대 기념비들을 짓는다. 이들이 이룩한 문명은 현재 남극 밑에 묻혀 있다. 아니, 역사 교과서에 나오는 얘기가 아니라 심각하게 이상한 사람들이 그렇게 믿는다는 얘기다. 여러분의 입장을 정하도록(별 생각이 없거나 입장을 정하지 못했다면 여러분은 심각하게 이상한 사람 측에 든다).

기원전 12000~10000년 : 마지막 빙하기가 끝나고 중석기 시대가 시작된다. 인류는 도기를 만들고 흙벽돌 집을 짓는다.

아메리카에서는 당나귀 크기만 한 비버들이 사람에게 사냥되어 멸종된다. 그 비버가 전신주를 씹어먹는 모습을 상상해 보라.

기원전 8500~7300년 : 인류가 최초로 곡물을 재배한다. 나무 속을 파낸 카누가 사용된다. 사람들이 한 곳에 정착하면서 작은 도시가 탄생한다. 팔레스타인의 예리코(Jericho; 요르단강 서안

에 있는 도시)는 인구 2,000명이 된다.

기원전 **7000년** : 터키와 이란에서 구리가 사용된다.

기원전 **5000년** : 청동이 널리 사용되나 아직까지도 석기 시대로 구분된다.

기원전 **4000년** : 드디어 역사학자들이 말하는 신석기 시대가 시작된다.

기원전 **3200년** : 메소포타미아의 수메르인들이 문자를 발명한다. 이제 지겨운 역사를 기록하게 되었으니 선사 시대는 막을 내린다. 받아쓰기 같은 신나는 일이 비로소 가능해진다.

기원전 **3000년** : 제1기 스톤헨지의 초기 부분이 건설된다. 스톤헨지의 건설 이유에 대해선 고고학자들 사이에 의견이 분분하다. 끔찍한 역사학자들은 최초의 축구 골대가 아니었나 추측하고 있다.

기원전 **2000년** : 이 무렵 청동이 널리 쓰이게 되면서 이 때가 청동기 시대의 시작으로 알려진다. 석기 시대여 안녕…. 청동이 쓰이지 않아서 아직 석기 시대인 곳이 더러 있기는 하다.

기원전 700~500년 : 초기 철기시대. 드디어 여러분도 철이 들게 된다.

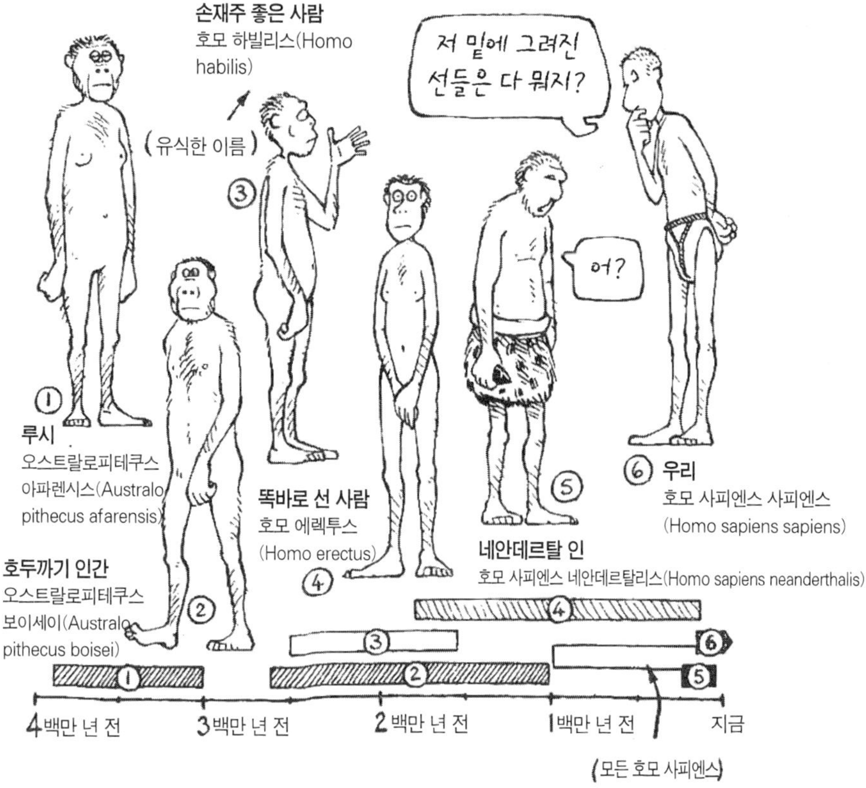

동물의 수난 시대

여러분은 북아메리카에서 구운 낙타 맛 포테이토칩을 와작 거린 적이 있는지? 없음.

매머드 햄버거를 우물거린 경험은? 없음.

켄터키 프라이드 모아(moa ; 뉴질랜드에 살던 날지 못하는 새. 사람들이 들어와 마구잡이로 죽이는 바람에 멸종했다. 다 자란 모아의 키는 3m에 달했는데, 사람을 본 적이 없었기 때문에 쉽게 잡혀서 죽임을 당했다. 지금으로부터 200년 전까지는 몇 마리쯤 살아 있었다.)를 맛본 적은? 없다니까!

위의 고대 동물들은 배고픈 사람이 등장할 때까지 지구상에서 100만 년 또는 더 오랜 세월을 행복하게 살았다. 하지만 지금은 모두 죽어 완전히 사라졌다. 씨가 말라 대가 끊기는 바람에 지구에서 영영 볼 수 없게 되었다. 다시 말해 멸종한 것이다. 모아의 경우는 알도 구경하지 못하게 되었다.

다들 어디로 가 버렸냐고? 인정머리 없는 사람들에게 잔인하게 죽임을 당한 거지 뭐.

최초의 사냥꾼들

초기 인류는 사자 같은 맹수들이 잡아먹은 동물의 시체를 훔쳐다 부스러기를 먹었다. 이들은 석기를 만들어 가죽에서 고기를 긁어내어 날로 먹었다.(다음 번에 여러분 집 고양이가 먹다 남은 쥐를 집에 가져오면 해 봐도 좋다). 그런데 몇몇 똘똘한 사람은 중요한 사실을 발견했다….

석기는 이제 무기가 되었다. 70만 년 전쯤에는 석기 시대의 새로운 도구인 주먹도끼가 쓰이고 있었다. 25만 년 전으로 접어들자 불로 끝을 단단하게 지진 나무 창을 쓰게 되었다. 기원전 9000년 인류는 활과 화살촉을 발명했다.

동물들은 목숨을 건지려고 열나게 도망쳤지만 이제 새로운 무기들이, 그리고 그들을 쫓는 인간의 두뇌가 동물들을 파멸의 길로 몰아 넣었다.

그런데 여러분한테 돌로 된 무기만을 가지고 힘센 매머드를 죽이거나 한 무리의 말들을 잡으라면 어떻게 하겠는가? 1,550cc나 되는 두뇌를 써 봐. 석기 시대 사람들도 했다니까!

일찍이 30만 년 전 스페인의 사냥꾼들은 코끼리 떼를 늪으로 몰아넣어 학살했다. 석기 시대 사람들은 단순할지는 몰라도 코끼리 사냥에는 상당한 조직력을 발휘했다. 기원전 18000년쯤 프랑스의 말 사냥꾼들은 자연 절벽을 함정으로 이용했다.

아메리카 사람들은(약 1만 년 전에) 들소들을 절벽으로 몰았다. 들소들이 사냥감이 된 것은 아메리카의 낙타와 매머드가 다 사라졌기 때문이었다.

아메리카 평원의 인디언들은 1년에 한 번, 가을에 들소를 사냥해서 겨울에 그 고기를 먹었다.

이들 인디언들은 절벽을 향해 양쪽으로 깔때기처럼 좁아지게 돌을 늘어놓고는 들소를 그 사이로 몰았다. 자칫 실수해서 들소의 대열 전체가 흩어지면 부족 사람들이 겨우내 쫄쫄 굶을 수도 있었다. 어쨌든 이들은 영리한 인류였지 그저 털이 없는 원숭이가 아니었다. 여러분이 보기에 반 친구들도 그렇다고 말할 수 있을까?

거멓게 탄 거북

플로리다의 아메리카 원주민들은 디즈니 월드가 들어서기 1만 4,000년 전에, 멸종한 거대한 거북이를 사냥했다(물론 그들이 사냥할 때는 멸종하지 않았지만 지금은 멸종하고 없다. 여러분도 달리기를 잘 못하면 그렇게 된다). 고고학자들이 발견한 이런 거북이 중 하나는 몸에 날카로운 나무 막대기가 꽂혀 있었다. 이것이 거북이를 죽였고 나중에 불에 구울 때는 편리한 꼬챙이로 사용되었던 것이다. 이거야말로 세계에서 가장 오래 된 바비큐가 아닐까! 또한 플로리다의 미식가인 이 원주민들은 방울뱀과 마스토돈이라는 털북숭이 코끼리도 잡아먹었다. 느림보인 나무늘보는 두말할 것 없이 손쉽게 잡을 수 있는 먹잇감이었을 것이다.

개의 생활

모든 동물들이 석기 시대 사람들한테 시달렸던 것은 아니다. 스웨덴에서 발견된 어느 개의 무덤에는 인간들의 무덤에서 나온 것과 똑같이 사슴 뿔, 주먹도끼, 돌칼(사후 세계에서 개먹이

통조림을 딸 때 쓰라고?) 같은 껴묻거리(부장품)들이 있었다.
 죽은 다음에도 그렇게 잘 모셔졌다면 이 개들은 살았을 때에도 극진한, 오늘날의 많은 개들보다 훨씬 나은 대접을 받은 것으로 보이는데, 그건 사냥에 큰 도움이 되었기 때문이다.

먹지 못할 먹을거리들

석기 시대 사람들은 동네 슈퍼마켓에서 장을 봐다가 전자 레인지에 음식을 데워 먹을 수는 없었다. 먹을거리는 전부 다 직접 구하거나 잡아야 했다. 또 먹고 싶은 요리가 있으면 직접 요리를 해야 했다.

지금도 채집 및 수렵 생활을 하는 부족들이 있는데 역사학자들은 이들을 연구함으로써 석기 시대 전기 사람들이 어떻게 아침을 먹고 점심을 때웠으며 저녁을 해치웠는지를 대략이나마 짐작하게 되었다.

식은 땀 나는 식사

배고픈 남편과 허약한 아내를 위한 튼튼 요리 비결

준비물:
- × 죽은 동물 — 온 가족이 먹을 만큼 넉넉하게
- × 돌칼
- × 불을 일으킬 부싯돌과 땔나무

방법:
1. 새나 동물을 잡는다(깜짝 비결! 사자 같은 맹수 근처에서 얼쩡거린다. 녀석들이 배불리 먹을 때까지 기다린 다음 남은 걸 가져온다. 단, 녀석들의 간식이 되지 않게 조심할 것).
2. 불을 붙이고 활활 타오르게 잘 지핀다(깜짝 비결! 일단 불을 지폈으면 다시 필요할 때까지 계속 불을 지피는 것도 좋다).

> 3. 죽은 동물을 불 속에 던져 넣은 다음 털(또는 깃털)이 타고 가죽이 바삭바삭해질 때까지 그슬린다.
> 4. 그 동물을 불에서 건져 칼집을 낸 다음 내장을 꺼내 던져 버린다.
>
>
>
> 5. 살점을 찢어 식구들한테 고루 나눠 준다. 고기는 여전히 날것이라 피가 떨어지겠지만 걱정하지 말 것, 그게 훨씬 맛있으니까.
> 6. 신선한 물을 곁들인다.

학교 식당에서 석기 시대 식사를 한 번 먹어 봤으면 좋겠다고? 식당 아주머니들이 석기 시대식 요리를 준비해 주신다면 여러분은 그 차이점을 발견할 수 있겠지.

요리조리 꾀 많은 요리사들

후기 석기 시대 사람들은 그렇게 야만적이지는 않았다. 흙을 굽거나 또는 뿔, 나무로 숟가락을 만들어 썼으며 끓는 물에 여러 가지 재료나 고깃덩어리를 넣어서 요리를 해 먹었다.

석기 시대 사람들이 여러분만큼 영리하지는 않았을 것 같지? 그렇다면 금속제 냄비 없이 요리를 해야 한다면 여러분은 할 수 있을까?

수수께끼 문제
여러분에게 주어진 것

- 지푸라기
- 짚으로 꼰 밧줄
- 나뭇가지
- 돌멩이
- 돌구유 – 돌판을 붙여 네모나게 만든 그릇으로, 물을 넣어 두는 통
- 차가운 물
- 불
- 양 다리 한 짝… 그리고 배고픈 식구들

어때? 문제를 풀었어? 아니면 여러분이 석기 시대 사람보다 더 멍청한 건가?

그들은 이런 방법을 썼다….

선데이 스톤 에이지 맛자랑 멋자랑

일요일 점심마다 똑같은 메뉴, 날로 먹는 새알에 식구들이 지겨워한다고요? 본지 최고 요리사가 소개하는 놀라운 요리를 해 보세요!

1. 구유 근처에 불을 피운다.
2. 불 속에 돌멩이를 집어넣는다.
3. 구유에 물을 채운다.

4. 고기를 지푸라기로 잘 싼 다음 양끝을 밧줄로 묶는다.
5. 돌멩이가 발갛게 달궈지면 나뭇가지를 사용해 불에서 꺼낸다.

6. 돌멩이를 구유에 빠뜨려 물이 끓을 때까지 기다린다.
7. 끓는 물에 밧줄을 늘어뜨려 지푸라기로 싼 고기를 담근다.

8. 물을 계속 끓이기 위해 뜨겁게 달군 돌을 계속 집어넣는다.
9. 두 시간 후 고기를 꺼낸다.
10. 지푸라기를 벗겨내고 고기를 먹는다!

    짚으로 고기를 싸면 다루기가 간편해질 뿐 아니라 뜨거운 돌로 인해 고기가 타는 것을 막을 수 있다.
    이들은 또한 구유 속에 직접 불을 피워 구유를 달군 다음 그 속에 고기를 넣고 뚜껑을 덮는 식으로 고기를 구워 먹었을 수도 있다. 아니면 불 위에 나무 꼬챙이를 올려놓고 바비큐를 해 먹었을지도 모르고. 이 방법의 문제점은 조심하지 않으면 나무 꼬챙이가 불에 타서 고기가 불 속에 빠진다는 것이다. 그렇게 되면 겉은 새까맣게 타고 안은 하나도 익지 않는다…. 아빠가 만든 바비큐 소시지처럼. 이만하면 동굴 스타일 요리가 어떤 건지 알겠지? 이제 여러분은 훌륭한 보이스카우트나 걸스카우트 대원이 될 것이다. 여러분 자신에게 선사 시대 조리술 배지를 주도록!

맛나는 잔치

석기 시대 사람들은 고생스럽게 먹을 것을 구해야 했으므로 음식을 버리는 일이 없었다. 여러분이라면 고개를 내저을 것들을 먹곤 했는데….
- 소의 젖통(우유 맛이 이상해질걸?)
- 피(이건 맛이 좋다.)
- 발(고급 부위다.)
- 골(머리가 좋아질 수도.)
- 허파와 혀

이들은 연골까지 먹었다. 그러니까 앞으로는 고기가 질기다느니 하는 불평은 하지 말라. 그건 훌륭하고 단단한 석기 시대 단백질인 것이다.

어떤 고고학자들은 석기 시대 사람들이 동물을 잡아 그 배를 갈라서 그 동물이 죽기 바로 전에 잡아먹은 고기를 꺼내 먹었다고도 한다.

우욱! 그 사실을 명심하고 엄마가 해 주신 반찬을 놓고 다시는 투정하지 않기!

동굴이나 묘지에서 나온 뼈들은 석기 시대 사람들이 어떤 동물을 먹었는지 짐작하게 해 준다.

물론 그 중에는 지금은 요리해 먹을 수 없는 것들이 많다. 멸종했거나(오스트레일리아의 자이언트 캥거루처럼) 아주 희귀하기 때문이다. 빙하기 때와는 달리 요즘은 로테르담에서 코뿔소나, 에든버러에서 코끼리를, 본머스에서 곰을 많이 볼 수 없다. 그러니까 코뿔소를 날로 먹거나 곰을 바비큐해 먹는 즐거움을 맛보지 못한다는 얘기다(작은 코알라라면 얘기가 다르겠지만).

그러나 쇠고기나 양고기, 닭고기를 구워 먹는다면 여러분의 고대 조상들이 먹던 것과 비슷한 맛을 즐기게 될 것이다.

조개껍질과 생선 가시들은 이들이 먹은 해산물의 종류를 말해 주는데 그렇다고 이런 농담이 석기 시대부터 있었던 건 아니다….

과학자들은 석기 시대의 '똥'을 현미경으로 보고 사람들이 먹은 식물을 알아내기도 한다(고대 배설물의 화석을 유식한 말로 하면 '분석(糞石)'이라고 하는데 이걸 검사하려면 약 사흘은 연구실에서 푹 썩어야 한다. 여러분도 그걸 알아내야겠다면 한번 해 봐).

오늘날 '밀죽'으로 알려진 이 석기 시대의 요리를 한 번 만들어 보도록. 실험을 좋아하는 고고학자들은 철기 시대 사람의 위를 검사하고는 그 요리법을 응용해 이 죽을 만들었다. 이걸 먹어 보겠다는 자원자들도 있었는데 물론, 죽지는 않았지!

맛있을지도 모르겠다. 콘플레이크에 비벼 먹으면 더 좋겠다고? 그러나 여러분이 석기 시대 사람이라면 선택의 여지가 별로 없을걸.

석기 시대 사람들이 어떻게 이런 요리법을 발견했을까? 먹어도 안전하고 맛있는 걸 발견하기까지 사람들은 수천 년 동안 끔찍한 것들을 수없이 먹었을 것이다.

여러분이 먹는 버섯 볶음밥이 안전한 것도 석기 시대의 수많은 사람들이 치명적인 독버섯을 먹고 죽어갔기 때문이다.

요건 몰랐지?

 고고학자들은 분석(똥 화석)을 이용해 석기 시대 사람들이 먹은 음식을 연구한다. 그런데 이 분석은 선사 시대 사람들의 내장에 어떤 기생충이 있었는지 밝히는 데에도 쓰인다! 고고학자가 품위 있는 직업인 줄 알았지?

신나는 게임들

인류는 웃음을 즐긴다. 인간은 웃을 줄 아는 유일한 동물이다. 그렇다면 석기 시대 사람들도 재미있는 게임을 하며 떠들며 깔깔댔을 것이다. 우리로선 짐작할 수밖에 없지만. 일과 사냥이 전부는 아니었다. 일부 과학자들은 석기 시대 사람들이 생존을 위해 일했던 시간은 적게는 주당 15~19시간이었을 거라고 계산한다. 여러분의 선생님보다 적게 일했다는 얘기다(물론 그 사람들한테는 여름 방학이 없었지만).

석기 시대 사람들은 한가한 시간에 무얼 했을까?

혹시 누가 먼저 두개골의 뇌를 빨아먹나 하는 대회 같은 건 없었을까? 돌도끼를 돌려가며 '손수건 돌리기'를 하지는 않았을까? 돌화살촉으로 다른 사람의 눈을 찔러서 '장님 술래' 놀이를 하지는 않았을까? 누가 알겠는가?

남아 있는 몇 가지 단서로 약간의 추측을 해 본다면….

나 따라 해 봐라

350만 년 전 한 어린이를 재미있게 해 주었던 간단한 게임을 해 보고 싶다고?

모든 것이 시작된 때는 1978년(350만 년 전이 아님. 성급하게

굴지 말 것!), 한 무리의 젊은 과학자들이 아프리카에서 고고학 유적을 발굴하던 때였다. 이들은 다른 사람 얼굴에 코끼리 똥 맞추기 등 스스로 고안해 낸 몇 가지 게임을 하고 있었다.

그런데 한 사람이 날아오는 코끼리 똥을 피하다가 그만 넘어지면서 땅바닥에 얼굴을 박고 말았다.

그 과학자가 코밑에서 뭘 발견했을까? 그건 코끼리 똥이 아니었다. 바위에 난 이상한 흔적이었다. 발자국처럼 아주 또렷했다.

과학자들이 그곳을 치우자 나란히 찍힌 두 쌍의 발자국이 나왔다. 370만 년 전에 화산재에 찍혔다가 굳은 것이었다. 자세히 들여다보니 큰 발자국(아마 아빠 거) 속에 작은 발자국이 들어가 있었다.

여기서 우리는 아이가 부모를 따라가면서 아버지 발자국을 밟으며 재미있어 했을 거라고 추측할 수 있다.

다음에 부모님과 함께 바닷가에 갔을 때 여러분도 해 보도록. 그리고 400만 년이나 된 재미를 경험해 보자.

(아마 여러분은 친구 얼굴에 코끼리 똥 던지기 게임을 더 좋아할지 모르겠다. 물론 그러기 위해선 코끼리가 동네를 어슬렁거리기를 기다려야 한다. 개똥도 된다는 소리는 들어 보지 못했으니…. 개똥으로 하지는 말 것.)

결혼 점

이 운수 보기 게임을 하려면 아일랜드의 북동부에 있는 항구 도시 던도크(Dundalk)에 가야 한다.

거기에는 높이 2m 정도의 기둥 세 개에 30톤의 바위 판을 얹은 선사 시대 무덤이 있다. 그런데 그 바위 판이 약간 비스듬 하다. 돌멩이 하나를 집어들어 그 지붕에 던져 보라. 만약 돌멩 이가 굴러 떨어지면 여러분한테 아무 일이 없지만 돌멩이가 그 대로 지붕에 있으면 1년 안에 결혼하게 된다!

하지만 여러분 집 지붕에 하는 건 효과가 없을 테니 하지 않 는 게 좋다.

이 풍습은 현대에 생긴 것이지만 이 돌의 영험에 대한 믿음 은 선사 시대 때부터 있었는지도 모른다.

파워 페인팅

준비물:

- 양의 갈비뼈(정육점 아저씨한테 부탁한 다. 채식주의자라면 양상추 밑단을 이용 할 것.)
- 포스터 물감
- 동굴 벽(편리한 동굴이 없으면 빈 벽이나 선생님 자동차, 빨랫줄에 걸린 아빠의 최 고급 셔츠를 써도 된다.)
- 러닝화

방법:

1. 뼈를 끓여서 안쪽의 골수를 긁어내면 관처럼 속이 비게 된다.

2. 뼈의 한 쪽 끝을 물감에 담그고 살짝 빨아들인다. 입까지 빨아들이지는 말 것!

3. 동굴 벽 또는 빈 벽, 선생님 자동차, 또는 빨랫줄에 걸린 아빠의 최고급 셔츠에 손을 짚는다.

4. 물감이 든 뼈를 손에 겨누고 힘차게 입김을 분다.
5. 물감이 손에 뿌려지면서 동굴 벽에 손의 윤곽이 생긴다.
6. 만약 친구 방의 벽이나 선생님 차, 또는 빨랫줄에 걸린 아빠의 최고급 셔츠를 사용했다면 재빨리 달아날 수 있도록 러닝화를 가까이에 둔다.

    선사 시대 화가들은 뼈 대신에 갈대를 사용하기도 했다. 여러분이 정말 바보거나 멍청이, 왕짜증이라면 물감 뿌릴 관으로 빨대를 사용해도 된다.

    주의: 석기 시대 화가들이 이런 식으로 물감을 분사했다고 보지 않는 전문가들도 있음.

다른 방법:

때로 석기 시대 화가들은 철 성분으로 인해 색깔을 띤 돌을 골라 크레용으로 사용하기도 했다. 그러나 물감으로 그리기가 가장 흔한 방법이었다. 이들은 자기가 죽인 동물의 털로 붓을 만들었다.

여러분은 막대 사탕의 막대기를 가져다가 한쪽 끝을 너덜너덜해질 때까지 씹어도 좋다. 그걸 포스터 물감에 적시고 너덜너덜해진 막대기를 붓으로 쓰는 것이다. 이걸로 그리기는 힘들지만 적어도 그렇게 그림을 그렸던 동굴 화가들이 얼마나 똑똑했는지는 알 수 있겠지?

그들은 그림에다 재치 있게 세부 묘사를 했다. 들소가 드러누운 채 내장을 흘리며 죽은 모습 따위를 그린 것이다.

일부 고고학자들은 그것이 일종의 주술을 뜻한다고 믿는다. 만약 사냥꾼의 손에 죽은 사슴이나 매머드, 들소를 그린다면 다음날 그 그림이 꿈처럼 현실이 된다. 그 그림이 사냥의 성공을 다짐해 준다는 것이다.

아니면 그저 동굴 화가들이 그림 그리기를 좋아했을 수도 있다. 그런 사람들도 있으니까.

여러분도 지나가는 매머드를 그릴 수 있을 것이다(매머드를 찾을 수 없다면 고양이를 그려라).

참, 조명 말이지? 동굴 화가들은 동물 기름을 그릇에 채워 갈대 심지에 불을 붙여 동굴을 밝혔다. 하지만 아무래도 전깃불이 간편하고 냄새도 안 나겠지.

믿지 못할 믿음들

석기 시대 사람들이 언제부터 사후 세계나 종교 비슷한 것을 믿게 되었는지는 알 길이 없다.

그러나 죽은 사람들을 소중한 물건들과 함께 조심스레 무덤에 묻기 시작할 무렵에 생겨났다고 보는 게 옳을 것이다. 지금까지 알려진 가장 오래 된 무덤은 중동의 나자렛 근처에 있는 것으로 약 10만 년 전의 것이다.

사실 석기 시대에는 죽은 사람을 가까운 쓰레기 더미에 갖다 버리는 일이 계속되었다. 지나가던 개들이 점심거리로 시체를 뜯어먹기도 했을 것이다. 역사학자들은 시체를 제대로 눕히고 사나운 이빨을 가진 동물의 간식이 되지 않게 덮어 둔 무덤에서 많은 사실을 밝혀냈다.

무시무시 무덤 테스트

다음의 열 가지는 오랜 세월 석기 시대 사람들과 함께 묻혀 있던 것들이다…. 이 중에서 거짓인 것 하나는 무엇일까?

1. 생전에 빠졌던 이들
2. 잘려나간 팔

3. 죽은 아기
4. 팔다리를 묶는 밧줄
5. 동물 이빨 목걸이
6. 산 고양이
7. 조개껍질   8. 음식
9. 꽃   10. 죽은 개

답 : 6만 빼고 모두 진짜

1. 요크셔에서 발견된 한 여자는 살아 있을 때 빠졌던 이를 모두 지니고 있었다. 석기 시대에는 돈이 없었으니 요정한테 돈 받고 이를 팔 수가 없었던 모양이다. 그 이들은 여자의 턱 밑에 반
듯하게 끼워져 있었다. 죽은 여자의 친구들이 저 세상에서는 이가 필요할 거라고 생각했던 걸까?

2. 그 여자와 얼마 떨어지지 않은 곳에는 한 남자가 어디서 싸우다 잘려 나갔을 자기 팔과 함께 묻혀 있었다. 잘린 팔은 어깨에 놓여 손가락 끝이 얼굴에 닿아 있었다. 왠지 으스스하지?

3. 세 번째 무덤에는 화장된 아이의 뼈가 진흙으로 봉해진 채 어른과 함께 묻혀 있었다. 어른이 먼저 죽자 친구 삼으라고 아이를 제물로 태워 죽인 걸까? 한편 나자렛에 있는 세계에서 가장 오랜 무덤에서는 어른 발치에 여섯 살 된 아이가 묻혀 있었다. 어떤 어린이들은 부모의 품에 안긴 채 묻혀 있기도 했다. 아이고, 무서!

4. 석기 시대 무덤에 매여 있던 밧줄은 아마도 시체가 무덤에서 뛰쳐나와 가족들을 따라다니지 못하게 하려던 게 아닐까….

5. 그리고 그 '보물(동물 이빨 목걸이)'들은 그들이 사후 세계를 떠돌 때 폼나게 보이도록 해 주었을 것이다.

7. 잉글랜드의 체다 협곡에서는 바다조개껍질 목걸이를 하고 묻힌 남자가 발견되었다. 그 조개껍질은 48km 떨어진 곳에서 주웠을 테니까 그 남자의 부족들은 자전거가 발명되지 않았던 시절에도 이곳저곳을 두루 여행했다는 얘기다! 이 체다 사나이는 살이 썩어 없어진 한참 후에 매장되었다. 석기 시대 장의사가 꽤나 고생했겠는걸.

8. 1823년 윌리엄 버클랜드(William Buckland)라는 한 교수가 웨일스에서 한 두개골을 발견하고 '파빌랜드의 붉은 숙녀(The Red Lady of Paviland)'라는 이름을 붙였다. 교수는 이 로마인의 두개골이 노아의 홍수 때 빠져 죽은 동물과 나란히 묻혀 있었다고 했다. 그러나 사실 이 로마인 '붉은 숙녀'는 25살 된 선사 시대의 남자였고 그 동물 뼈는 매머드의 것이었다. 청년 '붉은 숙녀'는 한 줌의 총알고둥을 지니고 있었다(노아의 홍수 때 총알고둥은 빠져 죽지 않았거든).

폴란드에서 발견된 석기 시대 사람은 들고양이와 비버, 그리고 그 고양이(구워 먹을까)와 비버(비벼 먹을까)를 먹어치운 다음 다른 동물도 잡아먹을 수 있게 활과 화살과 함께 묻혀 있었다. 게다가 앉은 자세로 묻혀서 사냥하기도 쉬웠다나!

9. 오늘날 사람들은 무덤에 꽃을 놓는데 네안데르탈인들도 그랬던 것 같다. 터키 국경에서 발견된 꽃 한 다발에는 서로 다른 일곱 가지 꽃이 있었다. 여기엔 나비 한 마리도 같이 묻혀 있었는데 그건 설마 우연이었겠지.

10. 헝가리에서는 한 노인과 함께 개가 묻힌 무덤이 발견되었다. 개는 그가 살아 있었을 때의 애완동물이었을 텐데 저 세상에서도 친구가 되라고 죽임을 당한 것으로 보인다.

요건 몰랐지?

무시무시 무덤 테스트가 나왔으니 말인데 영국의 바스 경(Lord Bath)은 체다 협곡(아까 조개껍질 목걸이가 나왔던 곳)에서 나온 선사 시대 뼈를 가지고 있었다. 그는 그 뼈가 자기 핏줄인지 확인하려고 검사를 의뢰했다.

이런 일은 귀족들한테는 중요하다. 잉글랜드의 왕 제임스 1세는 자기 조상은 노아 때부터 존재했다고 말했다! 바스 경은 자기 조상이 석기 시대부터 살아왔음을 밝히고 싶었다.

그러나 바스 경의 자존심은 바스러졌다. 그 뼈의 가장 가까운 친척으로 현존하는 인물은 바스 경이 아니라 바로 그의 저택을 관리하는 집사였던 것!

선생님께 내는 문제

혹시 여러분의 선생님이 선사 시대 네안데르탈인을 닮았는지 몰라도 진짜 네안데르탈인은 아니라고 믿어도 된다. 네안데르탈인은 아쉽게도 멸종했고 선생님은… 슬프게도 멸종하지 않았거든.

네안데르탈인

선생님

다음의 야만 법석 퀴즈로 선생님의 1,550cc 두뇌를 테스트해 본다면 선생님이 까마득한 옛날 기억을 더듬어 대답하는 게 아님을 확인할 수 있을 것이다.

뭐 여러분 자신을 테스트해도 좋다. 8~10 문제를 맞혔다면 여러분은 인간일 것이다. 4~7문제를 맞히면 네안데르탈인이다. 1~3문제를 맞히면 침팬지고. 하나도 못 맞혔다면 앞으로 몇천 년은 더 진화해야 하겠는걸.

1. 고고학자들은 선사 시대 이집트인들이 피라미드가 건설되기 11,000년 전에 먹었던 것을 알아낸다. 무엇으로 알아낼까?
   a) 바위에 그려져 모래 속에 묻혀 있던 이집트 요리책으로
   b) 고대의 아기 똥으로
   c) 고대인의 턱뼈로(칫솔이 발명되기 전이었으니까 이 사이에

음식물이 끼어 있다.)

2. 석기 시대 사람들은 노랑, 빨강, 갈색, 검정 등의 색을 띈 철 성분의 광물질로 그림을 그렸다. 동굴 벽에 그림을 그리기 위해선 이 물감 가루를 액체에 개어야 했다. 무슨 액체게?
   a) 매머드의 오줌
   b) 구스베리 맥주
   c) 피

3. 석기 시대 사람들이 화장지로 사용한 것은?
   a) 이끼
   b) 사슴 가죽
   c) 고슴도치 가죽

4. 1915년 스톤헨지 유적이 경매에 나왔다. 누가 왜 이것을 샀을까?
   a) 어느 땅 부자가 스톤헨지를 개발해서 석기 시대 테마 공원 '케이브월드'를 세우려고

   b) 한 미국인이 캘리포니아에 옮겨다 전시할 목적으로
   c) 한 부자가 아내한테 선물하려고

5. 볼리비아의 석기 시대 사람들은 안데스 산맥 고지대에 살면서 어떻게 감자를 신선하게 저장했을까?
   a) 감자를 움에 묻어서
   b) 라마 기름에 바삭하게 튀긴 다음 라마 가죽 주머니에 넣어 봉해서
   c) 얼려서

6. 고대 중국 인류의 치아 화석은 어디서 발견되었을까?
   a) 중국 만리장성을 쌓을 때
   b) 중국 한약방에서
   c) 중국의 포장 음식점에서

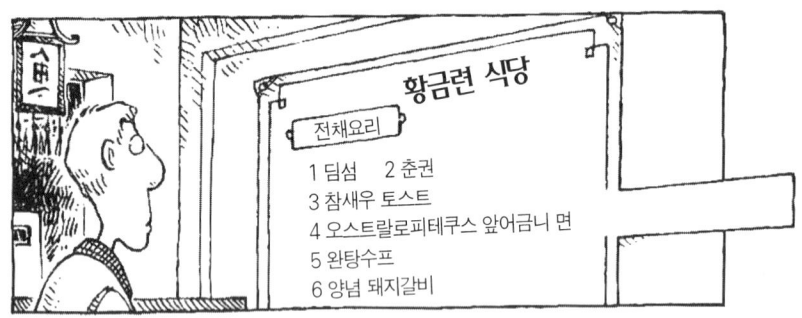

7. 현대인들도 잘 안 하는데 일부 깔끔한 석기 시대 사람들은 했다. 무엇일까?
   a) 이를 깨끗이 닦았다.
   b) 구두를 닦았다.
   c) 저녁 식사 후 몸을 씻었다.

8. 최초의 부메랑을 지녔던 사람들은?
   a) 석기 시대 오스트레일리아인들

b) 석기 시대 북아메리카 인디언들

   c) 1822년의 현대 오스트레일리아인들

9. 석기 시대 사람들은 큰 행사를 어떻게 경축했을까?

   a) 폭죽을 터뜨렸다.

   b) 술을 실컷 마셨다.

   c) 동굴의 곰과 씨름했다.

10. 스웨덴의 석기 시대 사람들은 어떤 방법으로 죽은 자가 저 세상으로 가도록 도와 줬을까?

    a) 길을 알려 주기 위해 돌에 지도를 긁었다.

    b) 무덤 문을 열어 두어 영혼이 나갈 수 있게 했다.

    c) 무덤에 시체를 눕혀 화살을 쏘았다.

답:

1. b) 선사 시대 이집트인들이 먹던 식물은 대부분 썩어 없어졌다. 다행히 일부가 보존되었던 것은 모닥불에서 숯이 되었기 때문이다. 그밖에 아기가 먹었던 식물이 똥으로 남았다. 지저분한 꼬마들

이 캠프에다 똥을 누면 깔끔한 어른들은 아기 똥을 치워 불에 던졌고, 그 똥이 불길에 딱딱하게 구워져서 보존된 것이다. 고고학자들이 해야 할 일은 똥을 잘라서 현미경으로 보는 것. 집에 어린 동생이 있다면 이걸 해 보고 싶은 사람도 있겠지! 아니라면 말고.

2. c) 학교에서는 하지 말 것. 물감 가루를 피에 개어 벽에 그린다면 3만 년쯤 그림을 지속시키는 효과는 있을 것이다. 물론 그 그림은 아주 근사하겠지…. 흡혈귀가 뿅 갈걸. 석기 시대 화가들은 물감을 섞는 데 동물 기름을 사용했을 수도 있다. 이건 사람들이 동물 기름으로 튀김을 만드는 방법을 알기 전의 이야기다.

3. a) '고슴도치 가죽' 이라고 답했다면 그걸로 닦아도 싸다! 얼음 속에 묻혀 있다가 발견된 한 석기 시대 사람은 풀로 엮은 가방 속에 이끼 덩어리를 지니고 있었는데 그 이끼가 그의 화장지였다. 여러분의 따분한 역사 교과서엔 이런  재미있는 얘기가 안 나오지? 그리고 여러분은 화장지가 발명되기 전 석기 시대 사람들이 뭐로 닦았는지 늘 알고 싶었고, 맞지?

4. c) 세실 처브(Cecil Chubb)라는 부자는 아내와 아침 식사를 하면서 그 날 스톤헨지가 경매에 나온다는 얘기를 꺼냈다. '어머나! 그거 갖고 싶어요!' 아내가 말했다. '그럼 내가 입찰해 보리다.' 그 존경스러운 남편이 대답했다. 결국 그가 낙찰받아 스톤헨지는 처브 부인 소유가 되었다. 그 날이 부인 생일이었다면 그 돌

덩이 위에 초를 꽂을 수 있었을 텐데. 1918년 세실과 아내는 이 유적을 영국 정부에 기증해 관리하게 했다. 영국인들은 스톤헨지를 얻었고 세실은 기사 작위를 얻었다.

5. c) 볼리비아의 티와나쿠(Tiwanaku)족이 살던 안데스 고지대는 밤이면 영하 20℃까지 떨어지는 높은 곳이었다. 머리 좋은 티가 나는 티와나쿠족은 농경지를 좁은 이랑으로 나누고 주변에는 도랑을 만들어 물을 채웠다. 낮 동안 햇빛에 데워진 물은 밤에 땅이 어는 걸 막아 주었다. 보온병처럼 말이다. 덕분에 이들은 먹고 남을 만큼 많은 감자를 한 번에 수확했고 그래서 겨우내 감자를 얼리는 방법을 고안해 냈다. 감자에 물을 뿌려 밖에 두었다가 밤새 얼려서 저장한 것이다.

6. b) 그 이는 1899년 중국의 한약방에서 발견되었다. 옛날부터 중국의 한의사들은 화석 이를 사서 갈아 약재로 썼다. 영험을 지닌 용의 이빨이라고 믿었던 것이다. 발견 당시 이것은 고대 인류의 것으로 여겨졌으나 오늘날 많은 과학자들은 유인원의 것으로 보고 있다.

7. a) 잉글랜드에서 발견된 구석기 시대 한 청년의 두개골은 그가 규칙적으로 이를 닦았음을 거의 확실하게 보여 준다. 엄마의 잔소리가 심했던 모양이다! "이 안 닦고 자면 치과 선생님이 돌 드릴을 들고 오실 거야!"

8. b) 기원전 12000년 플로리다의 석기 시대 인디언들은 부메랑을 사용했다.

고고학자들은 이 아메리카 부메랑은 돌아오지 않는 것이었다고 추측한다…. 그럼 도대체 그게 뭐야?

9. a) …옥스퍼드 박물관의 한 교수 말에 따르면. 그는 석기 시대 사람들이 25,000년 전에 흙으로 인형을 구웠다고 본다. 종교 의식에서 이런 인형들을 불에 던져 넣어서 폭발시켰다는 것이다. 인형을 미리 물에 적셨기 때문에 다 말라서 터질 때(이것이 폭죽이다)까지는 약간의 시간이 걸리는데 그 사이에 던진 사람은 안전하게 피했다. 오늘날 폭죽놀이할 때 심지에다 불을 붙이고 물러서는 것처럼!

10. c) 이유는 모르지만 이상하게도 스웨덴 사람들은 시체에 화살을 쏘았다. 시체에 화살을 쏘는 게 모욕은 아니었을 것이다. 분명 특별한 의미가 있었을 것이다. 피부에 구멍을 내어 영혼이 빠져 나오게 했거나… 아니면 그저 손쉽게 구할 수 있는 활쏘기 연습용 과녁이었거나.

고생스런 고고학자

현대 인류는 수백 년 동안 고대 인류를 파헤치면서 중대한 문제에 대한 답을 찾고자 했다….

과거를 파헤치는 사람들은 '과거를 파헤치는 사람들'이란 이름이 별로 품위가 없다고 생각하고 스스로를 '고고학자(archeologist)'라고 부른다.

역사에 얽힌 케케묵은 농담 1

영국의 미스터리 작가 아가사 크리스티(Agatha Christie)는 고고학자와 결혼했는데 이런 농담을 했다…

나를 탓하지는 말라. '재미있다'고 한 적은 없으니까.

역사에 얽힌 케케묵은 농담 2

고고학자가 한 농담이라고 더 나을 건 없다….

지구의 탄생을 둘러싼 싸움

성서에 따르면 신이 여섯째 날 우주를 창조하고 일곱째 날에는 잠을 잤다고 한다.

그 중에서도 가장 위대한 창조는 진흙 한 덩이로 남자를 만든 것이다. 마침내 신은 진흙 남자의 콧구멍에 입김을 불어넣어 생명을 주었다(윽! 누군가 여러분 콧구멍에 입김을 분다면 기분이 어떨까?). 그 남자는 아담이라고 불렸다.

초기 역사학자들은 신이 아담의 코에 입김을 불어넣은 실제 날짜에 관심을 가지고 침을 튀기면서 논쟁을 벌였다. 지구상의 모든 사람이 그 날 성대한 생일 파티를 열 수도 있었을 텐데!

불행히도 날짜는커녕 연도에 대해서도 의견이 엇갈렸다. 세상이 시작된 것은….

로마 가톨릭교에서는 훨씬 옛날로 잡았다. 신이 지구를 만든 때는 기원전 5199년이라는 것이다.

그런데 더욱 헷갈리게도 고고학자들은 이들의 견해가 틀렸다고 주장하며 나섰다….

1616년 이탈리아의 사상가 루칠리오 바니니(Lucilio Vanini)는 인간이 유인원에서 진화했다고 말했다. 교회 지도자들은 그 말에 원숭이처럼 펄쩍펄쩍 뛰면서 그에게 따끔한 맛을 보여 주기로 하고는 산 채로 화형시켜 버렸다.

고고학자들은 선사 시대 인간들이 다듬은 돌들, 돌화살촉 같은 것들을 보여 주었다. 하지만 성서를 믿는 그 사람들은 전혀 다른 설명을 내놓았다….

고고학자들은 이런 무기들이 수십만 년 전에 죽은 동물들(매머드 같은)과 나란히 발견되었음을 보여 주었다. 그러나 1847년까지도 그들은 지구에서 인간과 매머드가 동시에 살았었다는 사실을 믿지 않았다. 진짜였는데도!

성서를 믿는 사람들은 심지어 수백만 년 된 공룡 뼈들에 대해서도 나름대로 이렇게 설명했다…

이 고대의 뼈들은 마력을 지닌 것으로 믿어졌다. 사람들은 이걸 금반지에 박아 넣어 행운의 부적으로 팔거나 또는 뼈를 갈아서 기적의 약을 만들곤 했다.

그런데 유럽에서 아메리카로 건너갔던 정착민들은 원주민 인디언들이 비슷한 화살촉을 사용하는 걸 보고 뭔가 깨닫게 되었다. 1699년 에드워드 라이드는 이렇게 썼다…

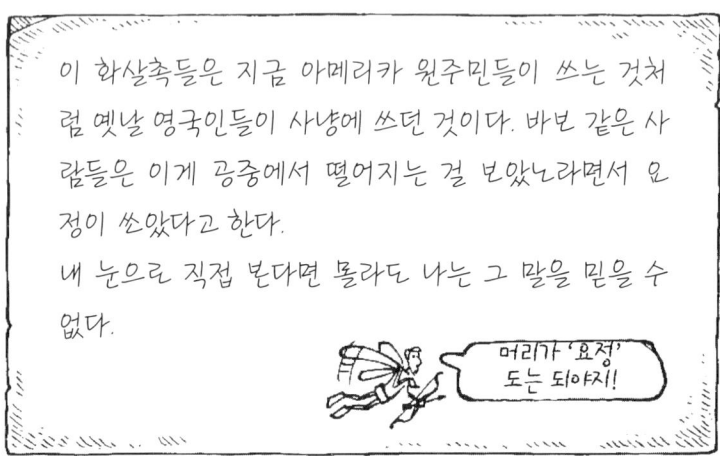

17세기에 일부 과학자들은 선사 시대의 뼈들을 한데 모아 이런 것을 만들어냈다….

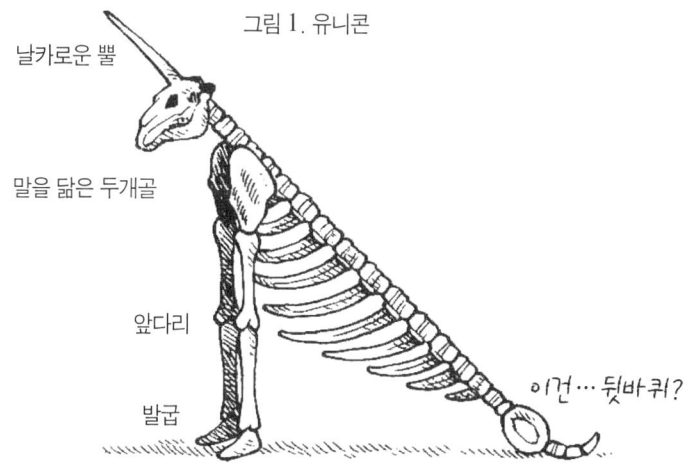

그림 1. 유니콘
날카로운 뿔
말을 닮은 두개골
앞다리
발굽
이건… 뒷바퀴?

1850년대 말까지도 일부 과학자들과 역사학자들은 지구의 나이가 약 6,000살이라고 주장했다.

아일랜드인을 욕하지 말라!

1857년, 한 일꾼이 독일 네안더 계곡(독일어로는 Neanderthal)의 한 채석장 동굴에서 돌을 캐고 있었다. 그는 흙더미 속에서 오래 된 두개골을 발견했다.

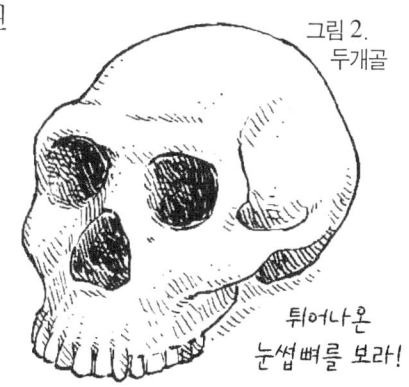

그림 2. 두개골
튀어나온 눈썹뼈를 보라!

동료들이 이 두개골을 던져 버리려고 하는데 마침 작업 감독이 그걸 달라며 가져갔다. 그는 지방의 한 교사에게 들고 가서 그게 뭔지 물어 보았다. 그 두개골은 이마가 낮았고 눈썹 위로 뼈가 불룩 튀어나와 있었다. 그 교사가 대답했다. "많이 보던 얼굴이군요!"(절대 거울을 보면서 한 말이 아니다!) "저 눈썹뼈 좀 보세요, 고릴라와 아주 비슷하잖아요. 이건 고대 인류의 한 종류입니다!" 물론 그의 말이 옳았지만 처음에는 그 말을 믿지 않는 사람이 많았다.

그런 사람들은 이렇게 말했다. "이건 현대 인류의 두개골이야. 뭐 바보이거나… 아일랜드 사람 거겠지!"

만약 이들이 아일랜드인을 석기 시대인으로 생각했다면 바보는 아일랜드인이 아니라 그들이다!

안됐다, 네안데르탈인

석기 시대에는 두 종류의 사람들이 살고 있었다. 호모 사피엔스(여러분의 조상)와 네안데르탈인. 네안데르탈인들은 머리가 낮고 눈썹뼈는 뭉툭하게 불거져 있었으며 짧은 다리에 아주 고약한 버릇을 지니고 있었다. 다행스럽게도 네안데르탈인은 사라졌으니 여러분이 자다가 네안데르탈인한테 붙잡히는 나쁜 꿈을 꾸는 일도 없을 것이다.

이 험악한 네안데르탈인들은 사람 사냥꾼이었던 것으로 보인다. 그 증거를 대자면….

- 발견된 네안데르탈인들의 두개골들을 보면 몽둥이로 맞아 죽은 흔적이 있다.
- 두개골들의 아래쪽이 열려져 두뇌를 꺼낸 흔적이 있었다…. 먹은 걸까? 그 살인자가 피해자의 두뇌에서 힘과 지혜를 얻기 위해서?

- 네안데르탈인들은 동굴 바닥에 두 개의 구덩이를 파고 두 개골을 채워 두었다. 시체에서 잘려 나간 이 두개골들은 한꺼번에 동굴로 운반되었으며 모두 해 지는 쪽을 향해 놓여졌다.

- 이들 구덩이에는 어린이 20명과 젊은 여자 9명이 사슴 이빨과 달팽이 껍질로 만든 장식품을 한 채 묻혀 있었다.

이 머리 수집가들이 자연사한 시체에서 두개골을 잘라왔다고 생각하는 사람들은 다음 증거들을 곰곰이 따져 보도록.

- 적어도 다섯 구의 두개골 주인들은 모두 머리에 주먹도끼를 맞아 죽었다.

네안데르탈인들은 식인종이라는 비난을 들어왔다. 그에 대한 증거가 아주 확실한 건 아니지만….

- 먹다 남은 음식들과 섞여 있는 사람 뼈들이 발견되었다.

- 사람 뼈들이 으스러져 있었는데 맛있는 골수를 빼냈던 걸로 보인다.
- 사람 뼈들이 요리된 것처럼 불에 타 있었다.

딱 꼬집어 '증거'라고 말할 수는 없다. 그러나 어쩌다가 이마가 낮고 다리가 짧은 사람을 만나 이런 말을 듣는다면…

…이렇게 대답하는 게 현명하겠지. "고맙지만 사양하겠습니다!" 안전한 게 좋은 것이다.

그런데 이들에게 희생당해 머리가 잘린 것은 사람뿐만이 아니다. 프랑스의 한 구덩이에는 곰의 두개골 20개가 묻혀 있었으며 알프스에서는 7마리 곰의 두개골이 돌 궤 속에 보관되어 있었다. 이 곰들은 전부가 주둥이를 입구 쪽으로 향하고 있었다. 으스스하지?

폴란드의 네안데르탈인들은 곰의 두개골로 동굴 벽을 장식했는가 하면 독일의 네안데르탈인들은 곰을 사로잡은 다음 앞니를 갈아서 덜 위험하게 만들었다…. 그렇다고 곰의 이빨을 줄로 다듬으면 안심해도 좋다는 얘기는 아니다. 아직 엄청난 위력의 발톱이 있으니까(혹시라도 곰 같은 아빠한테 실험해 볼 생각이라면… 곰 발바닥 같은 손이… 짜악!).

일본의 석기 시대 사람들은 어린 곰을 잡아 이빨을 간 다음 나중에 의식을 치를 때 죽였다. 5만 년이 흘렀지만 인간들은 여전히 곰돌이를 사랑한다. 하나도 바뀐 게 없네, 그치?

굉장한 고고학자들

19세기의 고고학자들은 과학자가 아니었다. 물론 과거에 대해 굉장히 호기심이 많은 사람들도 있었다. 여러분처럼(아니면 이 책을 읽고 있지 않았을 테니까). 그러나 대부분은 엄청난 돈과 명예를 찾아다니는 보물 사냥꾼들이었다. 돈은 즉 숨겨진 금이었고 명예는 과거의 엄청난 비밀을 벗기는 작업이었다. 이를테면…

- 공룡은 어떻게 멸종했을까?
- 트로이의 목마는 정말 존재했을까?
- 바퀴는 누가 발명했을까?

이런 수수께끼는 지금까지도 풀리지 않았다. 그러나 몇 가지 그럴듯한 추측을 해 볼 수는 있지 않을까?

공룡이 바퀴를 발명해서 트로이의 목마에 끼웠는데, 그 목마가 공룡을 쫓아와서 죽여 버렸어요.

빅토리아 시대의 고고학자들은 인디아나 존스와 비슷했다…. 수많은 위험을 헤쳐 나가면서 과거의 보물을 찾는다는 점에서. 또한 군대를 이끌고 다른 나라에 쳐들어가 부를 훔쳤다는 점에서는 잔인하기로 유명한 훈족의 아틸라(Attila; 서기 406~453 고대 아시아 훈족의 왕으로 로마 제국의 일부를 정복해 다스렸음)와 비슷했다.

오스틴 헨리 레이아드 경(Sir Austen Henry Layard; 1817~1894)은 노동자 군대를 이끌고 이라크의 고대 궁전에 터널을 파고 들어가 굉장한 보물들을 영국으로 보냈다(이것들은 대영박물관에 가면 볼 수 있는데, 박물관에서는 훔쳐온 것들을 절대로 되돌려 주지 않고 있다).

물론 영국인들만 고대 유적들을 약탈한 것은 아니었다. 아예 이것이 정식 직업인 나라들도 있었다!

과거 붙여 맞추기

 석기 시대를 연구하는 고고학자들은 별로 인기가 없었다. 그럴 것이 보물을 가져오는 법이 없었거든. 게다가 일은 얼마나 고된지! 그 예로 한 고고학자의 노트에 쓰인 이 간단한 이야기를 보자….

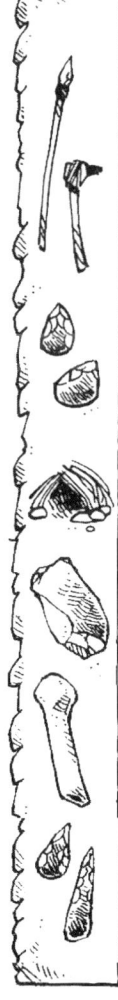

기원전 7000년 벨기에

 이곳에 한 무리의 사냥꾼이 온다. 이들은 무기와 약간의 먹을 것을 들고 있다. 딱딱한 나무열매와 들딸기, 약간의 살코기다. 이들은 자기네가 죽인 동물의 냄새나는 가죽을 부스스한 머리에 뒤집어쓰고 있다. 모래가 많은 이 빈터는 여느 곳보다 좋아 보인다. 이들이 멈춰 서더니, 저희끼리 만든 간단한 단어와 신호를 사용한다. 잠시 지내며 머물기에 좋은 위치라 몇몇은 집을 짓기 시작한다.

 도구 만드는 사람에게는 특별한 임무가 있다. 그는 무리에서 떨어져 나와 커다랗고 편안한 돌 위에 앉는다. 부싯돌 하나를 집어들더니 순록의 뿔로 만든 끌로 끈기 있게 돌을 깎아 나간다.

 얼마 후 도구 만드는 또 한 사람이 같은 장소에 온다. 자세히 보면 이 도구장이는 약간 다르다는 걸 알 수 있다. 왼손잡이다. 그는 송곳을 만드는데

송곳이 완성되자 그것으로 뼈에 구멍을 뚫는다. 아마 뼈 피리나 뼈 바늘을 만드는 모양이다.

이제 무기를 다 갖춘 이들은 근처 숲으로 사냥을 나선다. 물론 쓰레기들은 그대로 두고 떠난다.

9,000년 전의 일이지만 우리는 이 이야기가 거의 사실임을 알고 있다. 어떻게 알게 되었을까? 벨기에의 고고학자 다비드 캉(David Cahen)이 이 유적을 발견하고 다음처럼 수고해 준 덕분이다…

- 돌 파편의 위치를 하나하나 표시했다.
- 3차원 퍼즐을 맞추듯이 모든 파편들을 이어 맞추었다.
- 송곳을 현미경에 올려놓고 뼈에 닿은 자리를 정밀 검사했다.

꼬박 몇 달을 걸려서! 그는 심지어 송곳 하나가 시계 반대 방향으로 사용된 걸 발견하고 그 도구를 만든 사람이 왼손잡이라는 것까지 밝혀냈다!

석기 시대를 연구하는 고고학자가 되고 싶다고?

망치와 주먹만한 돌멩이, 접착제를 준비한다.

돌을 땅에 놓고 망치로 깨는데 적어도 백 개의 조각이 될 때까지 두드린다.

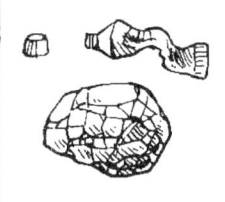
퍼즐을 맞추듯 돌 조각들을 접착제로 붙여 원래의 돌 모양으로 만든다.

이 작업이 한 달 이상 걸려서는 안 된다. 그래도 고고학자가 되고 싶은지?

고고학적 우연

여러분은 옛날 고고학자들이 고대 유물 발굴에 나설 때는 자신들이 뭘 하는지 알고 있었다고 생각할지도 모른다. 그러나 아무리 오랜 세월 동안 노력해도 거의 발견하지 못할 때도 있었고 또 우연히 새롭고 놀라운 걸 찾을 때도 있었다.

고고학자가 되고 싶다면 다음과 같은 색다른 방법을 시도해 보는 게 어떨까?

1. 발굴 작업에 딸을 데려간다

1859년 스페인의 귀족 돈 마르셀리노 데 사우투올라(Don Marcelino de Sautuola)는 자기 영지의 한 동굴을 조사하고 있었다. 그가 찾는 건 동물 뼈와 부싯돌로 된 도구들이었으니 그런 게 나올 만한 곳이 동굴 바닥밖에 더 있겠는가? 몇 주 후 그는 12살짜리 딸 마리아를 데리고 나섰다. 마리아는 랜턴이 비추는 곳을 서성이며 여기저기를 둘러보았다.

갑자기 마리아가 소리쳤다. "아빠! 아빠! 저 소 그림 좀 보세요!"

그가 달려가 보니 마리아는 천장을 쳐다보고 있었다. 동굴 천장에는 멧돼지, 사슴, 말, 들소들이 그려진 아름다운 벽화가 있었다. 그는 몇 주 내내 바닥만 보느라고 동굴 천장에 그려진 그 미술품을 보지 못했던 것이다.

처음에는 아무도 이 그림을 동굴 거주자(혈거인)들의 작품으로 믿지 않았다. 사람들은 돈이 그렸다고 했다(따지고 보면, 그가 이 그림을 보지 못했다는 얘기는 조금 이상하다). 그 후 30년이 훨씬 지나 프랑스에서도 동굴 벽화가 발견되면서, 사람들은 그제야 그를 믿게 되었다.

그러나 불행히도 그 무렵의 돈은 이 세상 사람이 아니었다. 이미 모두에게서 거짓말쟁이라는 비난을 받으며 죽은 뒤였다.

교수들은 대신 마리아에게 '미안하다'고 했다.

2. 사냥개를 데리고 사냥한다

제2차 세계대전 중의 프랑스에서 있었던 일이다. 네 명의 소년이 숲에서 사냥을 하고 있었다. 이 철부지 소년들은 사냥개를 앞세우고 다친 새를 쫓던 중이었다. 그런데 갑자기 개가 절벽 밑에 있는 구멍 속으로 사라져 버렸다. 소년들이 엎드려서 살펴

보니 구멍은 땅 속으로 뚫려 있었는데 개는 그 아래 빠져 있었다. 돌을 떨어뜨려 본 소년들은 그 구멍이 아주 깊지는 않다는 걸 알았다(돌 몇 개는 개의 머리에 떨어졌겠지?). 소년들은 내려가서 그 개를 구했다.

그 구멍은 동굴의 입구였고, 소년들은 역사상 최고의 동굴 미술품인 라스코 동굴 벽화를 발견한 것이었다. 거기엔 1,500점의 암각화와 600점의 회화가 있었는데 5m가 넘는 황소 그림도 있었다. 그런 소로 소시지를 만든다면 어떨까!

소년들은 일주일 동안 그 일을 비밀에 부쳤고 자전거 램프를 들고 다시 가서 좀 더 살펴본 후에 학교 교사인 레옹 라발(Leon Laval)한테 말했다. 처음에 교사는 그 얘기를 믿지 않았다! 의심도 많으셔! 마침내 그 동굴을 조사한 전문가들은 이 그림들이 17,000년 된 것이라고 밝혔다. 잘 했다, 친구들!

방문객들이 몰려왔다. 그런데 이들이 몸에 묻히고 온 세균들이 이 모든 고대 미술 작품들에 녹색 곰팡이를 만들었다. 17,000년을 견뎌온 그림들이 17년 만에 파괴될 위험에 처한 것이다! 당연히 그 이후 동굴은 봉쇄되었다.

그런데… 이 소년들의 사냥 이야기는 거짓이라는 소문이 있다. 일설에 따르면 이 소년들은 한 노파가 얘기해 준 동굴을 찾는 중이었다고 한다. 왜 거짓말을 했냐고?

한 가지 가능한 설명은 소년들이 그 '공로'를 노파와 나누고 싶지 않았다는 것이다. 그리고 그 대가로 소년들은 방문객에게 동굴을 안내하는 편안한 일을 얻었고…. 반면 그 교사는 가장 좋은 일을 얻었다. 관리 감독 말이다!

3. 나비를 잡는다

1911년 서부 아프리카에 있는 올두바이 협곡을 처음 탐험한 과학자는 뼈가 아닌 나비를 찾아 나선 독일의 카트빙켈(Kattwinkel) 박사였다. 그는 흥미로운 몇 개의 화석 뼈들을 발견하고 독일에 보내 검사를 의뢰했다. 이 발견에 흥분한 독일에서는 고고학자로 이루어진 발굴대를 보냈다. 올두바이 협곡은 화석 인류 발견의 최대 현장이 된 것이다.

이 고고학자들이 발굴을 시작하면서 '바이바이 올두바이' 하고 떠나간 나비들이 많다는 얘기가 전해진다(진짜냐고? 에이, 그냥 해 본 소리라니까).

4. 개를 산책시킨다

독일인들의 조사 작업은 제1차 세계 대전으로 중단되었다. 그 후 리키(Leakey) 성을 가진 한 영국인 가족(루이스, 메리, 그리고 아들 리처드)이 들어왔고 역사상 아주 중요한 발견들을 이룩했다. 그러나 이들에겐 아직 카트빙켈과 같은 행운이 무척 아쉬웠다.

리키 가족은 많은 동물 뼈와 석기들을 발견했지만, 30년을 찾아 헤매도 인류의 유해는 찾지 못했던 것이다. 그러던 어느 날 아침, 메리는 캠프에서 달마시안 개들을 데리고 나와 산책을 시켰다. 그런데 빗물에 흙이 쓸려간 자리에 비죽이 뼈들이 나와 있는 게 아닌가. 지금까지 발견된 것 중 가장 오래 된 사람의 뼈였다. 그 사람은 튼튼한 이 때문에 '호두까기 사람(Nutcracker Man)'이라는 별명을 얻었다.

5. 뗏목 여행

1912년 버구인 백작(Count Begouen)의 모험심 많은 아들들은 볼프(Volp)라는 지하 수로를 탐험하기로 했다(경고: 볼프 같은 지하수로는 탐험하지 말 것. 거기 갇혔다간 '볼품' 없이 종말을 맞을 테니까).

이 소년들은 가스통을 띄우고 그 위에 나무 상자를 올려 뗏목을 만들었다. 이들의 배는 동굴 속으로 흘러 들어갔다. 절벽에 다다라 기어올라가 보니 기다란 통로가 나왔다. 통로에서 고대의 동굴 벽화를 발견한 이들은 계속 앞으로 나아갔다.

그 통로는 바위 속의 굴뚝으로 이어져 있었고 가까스로 굴뚝을 올라가자 마지막 빙하기 이후로 사람의 흔적이 끊겨 있던 두 번째 통로가 나왔다.

두 번째 통로에는 동굴 곰들의 발톱 자국과 오래된 뼈들, 심지어 축축한 바닥에 찍힌 석기 시대의 발자국까지 그대로 있었다. 이들은 또한 지금까지 발견된 최초의 석기 시대 조각인 흙으로 빚은 들소 인형까지 발견했다.

관 폭발 사건

뜻하지 않은 우연이나 작은 사고가 고고학자들에게 늘 도움만 주는 건 아니다. 때로는 용감하게 땅을 파는 이들에게 사고가 일어나는데… 그게 아주 섬뜩할 수도 있다. 잉글랜드 북동부에서 있었던 이야기다…

에러자에게

 웃지 말아 줘. 이건 심각한 사건이야. 네가 친구들한테서 그 얘기를 들은 건 알지만 내 입장에서 다시 생각해 줬으면 해.
 알다시피 우린 여기서 중세 묘지를 조사하고 있었는데 우연히 한 나무 관이 나오지 뭐니.
 한나절 꼬박 걸려서 그 관을 구덩이 옆으로 들어올렸어. 그 관을 천천히 바닥에 내려놓고 있는데 그만 밧줄이 미끄러지는 바람에 관이 털썩 땅에 떨어졌단다. 바로 그때 그 관에서 피시시 하고 바람 빠지는 소리가 들리는 거야. 교수님이 "뛰어!" 하고 소리쳤고 우리는 피하려고 뒤돌아서 흩어졌지.
 아마 10m쯤 도망갔을까, 관이 폭발하는 거야. 그런데 뭔가 말랑한 것이 내 재킷 등을 철썩 때리는 게 아니겠어. 그 폭발의 위력으로 넘어지긴 했지만 다치진 않았어, 걱정하지 않아도 돼.
 어쨌든 아까 날 때린 게 뭔지 보려고 일어서서 재킷을 벗었어. 가만히 재킷을 보는데 그 재킷도 날 보지 뭐야! 그 중세 시대 시체의 눈알이 날아와 나한테 붙은 거야. 어찌된 건지 친구라는 애들은 이걸 보고 깔깔대고 웃지 않겠어! 그러면서도 그 눈을 떼어내려고 하는 사람은 아무도 없었다니까!

이걸로 얘기가 끝난 게 아냐. 난 그 교회 묘지 발굴 작업에 대해 교회 모임에 나가서 발표를 해야 했어. 이렇게 설명했지. "썩은 시체에서 나온 가스가 관을 봉하는 데 쓰인 납과 결합되어 폭발성 기체가 발생했습니다" 하고!

그러자 두 번째 줄에 앉아 있던 한 노부인이, 나뭇잎처럼 몸을 떨면서 일어서더니 울부짖는 거야. "오오! 우리 앨버트 삼촌도 납으로 봉한 관에 묻혔는데! 삼촌도 폭발할까요?"

어쩜, 전국 방방곡곡의 묘지에서 관들이 펑펑 폭발한다는 상상을 하다니!

말했지만 이건 절대 웃을 일이 아니야. 그래도 넌 웃을 수밖에 없겠지만.

그럼 안녕.

― 네 친구 애니가

그러나 고고학자들에겐 관이 폭발하는 것보다 더 나쁜 일들이 많다. 그 중에는 다음의 슬픈 이야기에서처럼 있어서는 안 될 참사도 일어난다…

최후의 추락

고고학자들은 늘 새로운 것들을 발견하고 있다. 이런 발견 중 일부는 과거의 학설이 틀렸음을 증명하기도 한다. 평생 한 가지만을 학생들한테 가르치며 살았는데 결국 그게 틀렸다는 걸 알게 된다면 정말 불운일 것이다. 이런 일이 1957년 오스트리아의 유명한 고고학자에게 일어났다….

노인은 벼랑 난간 쪽으로 몸을 숙이고 깎아지른 절벽을 내려다보았다. 어슴푸레한 빛 속에서 저 아래의 바위들이 자갈처럼 보였다. 그는 벼랑 끝으로 두 다리를 늘어뜨린 채 조금씩 앞으로 움직였다. 이제 바닥을 짚고 있는 두 손만 떼면 여지없이 떨어질 판이었다.

그는 배낭을 메고 오솔길 모퉁이를 돌아 나오는 젊은 여자를 보지 못했다. "이봐요!" 여자가 소리쳤다. "조심해요! 떨어지겠어요!"

노인은 고개를 돌려 여자를 보지는 않았다. 그의 하얀 머리칼이 여름날 저녁의 따뜻한 바람에 나부끼면서 깡마른 몸이 흔들리는 것처럼 보였다. 갈색으로 그을린 그 여자는 뭔가 잘못되었음을 직감했다. 그녀는 배낭을 팽개치고 조심스럽게 그 남자를 향해 다가갔다. 노인은 조금 더 앞으로 움직여서 벼랑 끝에 위태롭게 걸터앉았다. 이윽고 여자가 멈춰 섰다. 바싹 마른 입술을 축이며 여자가 조용히 말했다. "안 돼요."

두 사람은 한참 동안 꼼짝하지 않았다. 마침내 그 노인이 단호한 목소리로 입을 열었다. "안녕하시오."

"안녕하세요. 날씨가 좋죠." 그녀는 초조하게 대답했다. "엘리 그리피스라고 해요."

"난 카츠요. 케르하르트 카츠 교수지. 내 이름은 들어 봤겠죠?"

"아뇨." 여자가 재빨리 말했다. 너무 빨랐다.

그가 눈살을 찌푸렸다. "한때는 전 세계가 그 이름을 알았었다오."

"그래요?"

"그렇소. 40년 동안 난 고고학계에서 가장 존경받는 학자였고. 내가 쓴 책은 전 세계 대학교에서 교재로 쓰였었소."

"와." 엘리가 낮게 감탄사를 내뱉었다. "나도 그 책들을 찾아봐야겠네요."

"그럴 필요 없소이다." 노인이 씁쓸한 표정을 지었다. 그는 고개를 돌려 처음으로 그녀를 쳐다보았다.

그녀는 바닥에 쪼그려 앉으며 미소지었다. "이유를 듣고 싶군요."

그는 한숨을 쉬었다. "나는 과거의 모든 증거들을 보고 새로운 의견을 내놓았었소. 3,000년 전에 세계의 기후가 좀더 따뜻하고 건조해졌다는 걸 증명한 것이오. 그 당시 지구 전체에 혹독한 가뭄이 닥쳤소. 사냥꾼들은 중동의 사막을 돌아다닐 수가 없었소. 모든 동물들은 하나의 물구덩이, 오아시스로 모여들게 되었소. 그래서 사냥꾼들은 이 물구덩이에 모이기 시작한 거요."

"일리가 있네요." 여자가 끄덕였다.

노인은 허공을 쳐다보더니 열띠게 말을 이었다. "그 다음 일들이 내게는 눈에 선했소. 석기 시대 사람들은 사냥하며 떠돌기를 멈추고 정착하기 시작했소. 하나 둘 집이 지어지고 그 집들

이 모여 마을이 되고 마을은 다시 세계 최초의 도시가 되었소. 사람들은 곡식을 심고 양과 염소를 길렀고."

"세계 최초의 농장을 만든 거군요." 엘리가 끄덕이더니 살짝 움직여서 벼랑 끝의 노인에게 다가갔다.

"그게 내가 세상에 얘기한 내용이오. 난 모든 대륙에서 강의를 했소. 고고학에서 나보다 유명한 사람은 없었지. 아무도!" 노인이 말하고는 한숨을 쉬었다.

"그런데 어쩌다?" 여자가 묻고는 한 손에 몸무게를 실었다. 여자는 손을 당기며 좀더 다가갔다.

"리비라는 남자가 1945년에 세상을 파괴한 원자폭탄 제조작업에 참여했었소. 그런데 1949년에는 날 파괴하는 폭탄을 만들었지. 방사성 탄소 연대 측정법을 개발한 거요. 들어 봤소?"

"네. 물건이 얼마나 오래 됐는지 밝히는 방법이잖아요." 여자가 중얼거렸다.

"어느 날 갑자기 고고학자들에게 유물의 나이를 말해 줄 방법이 생긴 거요. 캐슬린 케년이란 여자는 팔레스타인에 있는 도시 예리코를 발굴하다 초기의 농촌을 발견했소. 물론 그 연대 측정법을 썼지. 농부들은 기원전 7,500년에 거기 있었다는 게 밝혀졌소! 상상해 봐요! 내가 말한 것보다 수천 년 먼저 농사를 짓고 있었다니. 내 평생의 연구가 잿더미가 된 거요! 잿더미가!"

노인이 한탄하면서 앞으로 움직이자 이제 완전히 벼랑 끝에 걸린 거나 다름없었다. 몸을 숙

이면 떨어질 판이었다. 엘리 그리피스는 숨을 멈추었다. 그리고는 속삭였다. "아뇨! 다른 건 교수님이 옳으셨잖아요!"

"내 견해들은 하나씩 무너져갔소. 농업은 내가 말한 웅덩이에서 시작된 게 아니라 팔레스타인에서 시작됐소. 그리고 곡식을 심은 것도 아니었소. 2,000년 동안은. 사람들은 그저 한 곳에 머물면서 주변에 널린 야생의 곡물에 의지하는 법을 배웠던 것이오. 내가 말한 것처럼 쟁기질하고 씨를 뿌리지 않았단 말이오. 내 말은 틀렸던 거요, 엉터리, 엉터리!" 그가 한탄했다.

엘리는 좀더 다가갔다. 무슨 말을 해야 좋을지 몰랐다. 갑자기 그가 고개를 돌리더니 그녀를 쳐다보았다. 눈물로 눈이 흐려져 있었다. "내 인생 전체가 파괴되었소! 아가씨도 내가 이럴 수밖에 없는 이유를 알 거요!"

"아뇨."

"난 젊을 때 이곳을 거닐곤 했소. 이곳을 잘 알지. 이 절벽 아래로 간 사람들은 다시 돌아오지 못했소. 아무도. 난 헛살았소. 평생을."

엘리는 한 손을 뻗었다. 손끝이 노인의 옷소매에 닿았다. 그가 팔을 잡아 빼며 몸을 틀더니 작게 흐느끼며 그대로 아래로 추락했다. 엘리는 노인이 떠나 버린 허공을 붙잡고 있었다.

한참 시간이 지난 후에야 엘리는 몸을 움직일 수 있었다. 그리고 벼랑 끝에 엎드려 저 아래 잔인한 바위들을 내려다보았다.

굉장한 과학

그 늙은 고고학자가 자살한 이유는 새로운 고고학 방법들로 인해 그의 저서들이 시대에 뒤떨어진 것이 되었기 때문이다. 그러나 그의 많은 견해들은 훌륭했으며 오늘날까지도 연구되고 있다.

그를 절망으로 몰아넣었던 방사성 탄소 연대 측정법은 실제로 핵폭탄 과학자들이 발명한 것이다. 이들이 발견한 사실은….

- 살아 있는 모든 식물은 우주 공간으로부터 다량의 방사능을 받는다.
- 야채를 먹는 생물 모두가 이 방사능을 흡수한다(그래! 여러분도 포함되지!).
- 여러분에게도 보통 탄소 원자 100만조 개마다 이 14번 탄소가 하나씩 있다.
- 이 방사능 물질(C-14)은 생물이 죽은 후 약 5,568년이면 반으로 줄어든다.
- 그래서 고고학자가 발굴한 동물이나 식물이 14번 탄소의 절반을 지니고 있다면 그건 5,568년이나 된 것이다. 알겠지?

만약 탄소 원자 100만조 개를 세 보고 싶다면 그렇게 하도록. 그러나 더 쉬운 방법은 질량 분석 가속계(accelerator mass spectrometer)라는 기계한테 맡기는 것이다. 여러분은 그 기계를 살 몇백만 달러와 그걸 작동시킬 몇백만 볼트의 전기만 준비하면 된다!

방사성 탄소 연대 측정법은 비싸다고 할 수 있다…. 하지만 선생님의 진짜 나이를 알아내기 위해선 그 정도는 감수할 수 있지 않을까!

괴이한 과학

　1983년 5월 13일, 늪지에서 이탄을 캐던 일꾼 두 사람이 시체를 발견했다. 경찰이 신고를 받고 출동했고 이 사실은 신문에 보도되었다.

　마을의 한 남자가 나서더니 1960년에 자기가 아내를 살해하고 시체를 그 늪에 버렸다고 자백했다. 그는 그 죄로 감옥에 갔다. 그러나 시체를 조사한 고고학자들은 이 특별한 시체가 거의 2,000년 된 것이라고 밝혔다. 그들은 탄소 연대 측정법을 사용했다.

　아아아니! 살인을 하고도 23년을 무사히 지내던 남자가 늪의 시체 때문에 겁에 질려 경찰에 자수하다니. 그 아내의 시신은 아직 발견되지 않고 있다.

　그게 아니라면…? 1998년 그 시체의 머리를 둘러싸고 소동이 일어났다.

---

29 3월 1998　　　　　　　　　　£2·50

아키알러지 위클리 —미국의 고고학잡지(편집자)

늪의 시체를 둘러싼 대설전

박물관 전문가들은 전문적 바보인가

　대영박물관의 고고학자들은 그들이 중요한 실수를 했다는 보고에 격분하고 있다. 보고에 따르면 이들이 2,000년 묵었다고 밝힌 그 머리는 38세 된 한 살인자의 피해자라는 것이다.

　1960년 에드먼드 로버츠는 아내 마리아를 살해하고 린도 늪에 시체를 유기했다. 경찰은 그를 의심했으나 그가 아내의 실종과 관련되었다는 증거를 찾지 못했다. 그러던 1983년, 두 명의 이탄 채굴꾼에 의해 시체 한 구가 발견되자 로버츠가 자수한 것이다. "그건 내 아내다. 내가 아내를 죽여 거기 묻었다."고 그는 밝혔다.

그는 무기징역을 선고받고 투옥되었으나 대영박물관의 과학자들은 방사성 탄소 연대 측정법으로 시체의 사망 시기를 추정했다. "그건 거의 2,000년 동안 그 늪에 있었다!"

늪의 시체

그런데 한 의사가 이들이 중요한 실수를 저질렀다고 주장하고 나섰다. 맨체스터 대학교의 보브 콘웨이(Bob Conway) 교수는 이렇게 말한다. "그 두개골 사진과 죽은 여인의 사진을 비교했더니 맞아 떨어졌다. 어쨌든 늪의 그 시체는 고대 브리튼족의 것으로 보기에는 상태가 너무 좋다. 피부가 남아 있는 데다 한쪽 눈알은 거의 완벽하다. 오래 된 시체에서는 그런 게 나오지 않는다. 늪 속에 있었던 시체에서는 더욱 불가능하다."

린도 늪은 맨체스터 공항 근처에 있어서 날마다 항공기 연료가 뿌려진다. 콘웨이 교수는 이로 인해 방사성 탄소 연대 측정법이 크게 잘못되었을 거라고 말한다. 그는 좀더 정밀한 검사를 위해서 그 유해를 넘겨줄 것을 박물관에 요구하고 있다.

대영박물관 대변인의 답변은 이렇다. "우리 검사가 잘못됐을 리 없다. 그 두개골은 박물관 지하에 있으며 계속 그곳에 있을 것이다."

콘웨이 교수와 눈알

방사성 탄소 연대 측정법은 1946년 개발된 이래 널리 쓰이고 있다. 역사학자들이 선사 시대에 관해 하는 말은 상당 부분이 연대 측정법이 옳다는 전제에서 나온 것이다.

만약 이 방법이 엄청난 역사적 실수를 초래할 수 있다면? 고고학에는 엄청난 타격일 것이다.

그런데 박물관은 의문의 그 두개골을 왜 내주지 않으려는 걸까? 그들이 틀렸다는 사실이 증명될까 두려워서일까?

살 떨리는 삶

여러분도 석기 시대 사람들처럼 살 수는 있을 것이다.—다만, 초콜릿과 텔레비전은 포기해야 한다. 여기 알아 두면 좋을 몇 가지 정보를 소개한다.

저 세상 사람 저장하기 I

세계 최초의 큰 도시는 팔레스타인의 예리코(Jerico)였을 것으로 추측된다. 석기 시대 예리코(기원전 7,300~6,300년 경) 사람들은 늙으신 어른들을 공경했던 모양이다. 이들은 노인들을 양로원에 가두거나 으슥한 묘지에 내다버리지는 않았다. 노인들을 집에 받들어 모셨으며 심지어 죽은 후에도 고이 간직했다.

이들에겐 멋쟁이 할머니의 푸근한 얼굴을 되새겨 줄 사진은 없었지만 죽은 이를 다루는 또 다른 방법이 있었다.

9,000년 전에 어린이 텔레비전 프로가 있었다면 이런 게 아니었을까…(매우 엽기적이긴 하지만 어쨌든 상상이므로 그저 재미로 읽고 넘어가도록).

만약 죽은 사람이 생전에 콧수염을 길렀다면 회반죽 머리에 수염을 그려 넣어도 된다.

일부 고고학자들에 따르면 온전한 시체를 몇 달 동안 묻어 두어 썩을 때까지 기다렸다고 한다. 그런 다음 도로 파내어 머리를 잘랐다는 것이다. 썩은 살은 저절로 두개골에서 떨어져나

가기 때문에 손질하기가 훨씬 쉬웠을 것이다. 혹시 냄새를 못 맡는 사람이라면 일하기가 더욱 편했겠지.

팔레스타인에서는 네 명의 머리가 함께 묻힌 채 발견되었다. 두 어린이가 장례식에 끌려와서 죽은 사람한테 바쳐진 것 같다. 그것도 학급 인원 수를 줄이는 방법일까. 에고, 끔찍스러워라.

저 세상 사람 저장하기 2

기원전 3000년경 이집트인들은 죽은 왕과 왕비들을 미라로 만들기 시작했다. 그러나 이들이 처음 미라를 만든 건 아니었다. 그보다 3,000년 전, 지구 반대편에 살던 석기 시대 사람들은 전혀 다른 형태의 미라를 만들었다.

기원전 6000년에서 1500년 사이 북부 칠레의 친초로(Chinchoro)족은 죽은 이를 미라로 만들고 있었다. 그 특별한 기술은 부모로부터 자식에게 대대로 전해졌을 것이다. 그때 학교와 선생님, 연습장이 있었다면 일이 훨씬 쉬웠겠지만….

엄마가 하던 방식대로 미라 만들기

1. 먼저 머리와 팔, 다리를 잘라낸다(깜짝 비결: 그 사람이 죽었는지 꼭 확인한다).

2. 몸뚱이에서 피부를 벗기고 나중에 쓸 수 있게 그 피부를 한쪽에 놓아 둔다(깜짝 비결: 다리 피부는 스타킹처럼 말면서 벗기면 쉽다).

3. 몸의 말랑한 부분들은 모두 비워낸 다음 뜨거운 석탄이나 모래를 채워 바싹 말린다(깜짝 비결: 석탄이 너무 뜨거우면 시체가 요리되니 조심할 것).

4. 팔과 다리에 칼집을 내고 뼈를 발라낸 다음 긁어서 깨끗이 손질한다(깜짝 비결: 강아지가 뼈를 씹어먹는 일이 없도록 한다).

5. 막대기를 뼈에 묶어 뼈를 도로 맞춘다. 몸 안에 기다란 막대기를 놓아 팔다리, 머리를 붙인다(깜짝 비결: 잘 만들어진 미라는 여러분처럼 똑바로 서 있을 만큼 아주 뻣뻣하다).

6. 몸 속에 지푸라기와 재를 채워 살아 있을 때와 똑같은 모양을 만든다(깜짝 비결: 재는 차가운 걸 사용한다. 안 그러면 지푸라기에 불이 붙어 새까맣게 숯이 되어 버린다).

> 7. 몸을 조립한 뒤 흰 재 반죽한 것을 씌운다. 그 반죽으로 죽은 사람의 형상을 만든다. 얼굴은 물론 거시기까지 (깜짝 비결: 거시기를 만든 다음에 손을 씻는다).
>
> ○ 8. 피부를 도로 몸에 끼운다. 머리카락은 반드시 머리에 붙이도록.
>
> 9. 특수 페인트로 몸 전체를 칠한다. 눈과 눈썹, 입술에는 다른 색을 칠한다(깜짝 비결: 엄마의 화장품을 사용한다…. 아빠 거라도 좋다). 
>
> 10. 죽은 사람이 생전에 입었던 옷을 미라에 입힌다.
>
> ★숙제 : 쥐로 실험해 보기.

친초로족 미라 가운데 일부는 빨간색으로 칠해졌다. 또 팔다리가 붙은 채 만들어진 것도 있다. 간단하게는 시체에 연기를 쐬는 훈연법(베이컨처럼)을 쓴 다음 진흙으로 덮어 미라를 만들기도 했다.

진흙 숙성 훈제품 2.6kg당 1파운드

친초로족이 죽은 자를 미라로 만든 이유는 정확히 알아내기가 어렵다. 그런데 흥미로운 두 가지 단서가 있다….

- 안에 넣은 막대기가 미라를 똑바로 서게 해 주었다.
- 많은 미라가 여러 번 덧칠해졌다.

한 가지 추측은 죽은 친초로족 조상들이 중요한 의식을 지켜볼 수 있게 특별 행사 때에 이 미라들을 데리고 참석했다는 것이다. 여러분 할아버지가 19세기의 조상을 미라로 만들 생각을 했었다면 그 조상들이 여러분의 결혼식이나… 학교 운동회에 와서… 축복하고 응원해 줄 수 있었을 텐데!

살려 주세요, 의사 선생님!

석기 시대에는 사방에 위험이 도사리고 있었다. 학교 가는 길에 자동차에 치일 위험은 없었지만… 그 외에 위험한 일들은 얼마든지 있었다. 매머드의 발에 으스러지지 않으면 곰한테 밟힐지도 모르는 일, 여러분은 돌화살촉이 붙은 화살과 창으로 스스로를 지키는 수밖에 없었다.

동물들의 공격과 사고, 질병으로 여러분은 "저 동굴에 가서 의사 선생님 찾아봐." 하는 말도 채 못다 하고 죽을 수도 있었다. 석기 시대에 의사를 찾을 확률이 얼마나 되었을까? 놀랍지만 꽤 되었다…. 게다가 여섯 달 밀린 대기 환자 명단 같은 것도 없었겠지!

여러분이 네안데르탈인 간호사나 석기 시대 외과 의사가 될 수 있을까? 다음 질병에 맞는 치료법을 찾아 짝지어 보자….

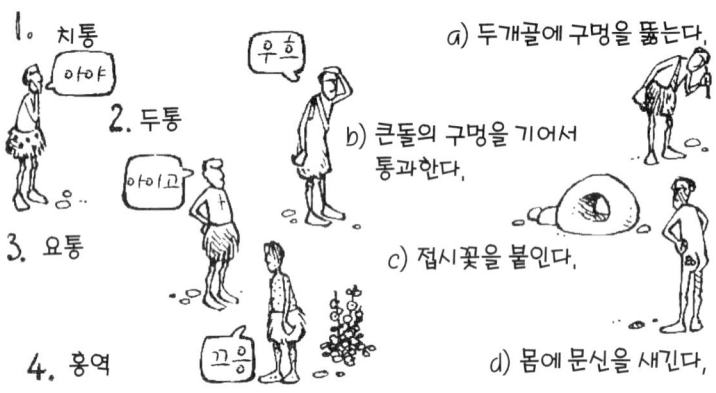

답:

1. c) 이라크의 네안데르탈인 무덤에서 발견된 온갖 꽃들은 오늘날 약을 만드는 데 쓰이는 것들이다. 그냥 장식으로 놓은 꽃 같지는 않다는 얘기다. 꽃들은 저 세상에서 시체를 돕기 위한 것이다. 접

시꽃은 치통을 치료하는 데 쓰였다. 내세엔 치과 의사가 없는 게 분명하니까 이 아플 때를 대비한 것이다!

2. a) 최초의 뇌 외과 의사는 석기 시대에 있었다. 이들은 돌칼로 머리껍질을 뒤로 벗긴 다음 날카로운 돌 드릴로 두개골에 구멍을 뚫었다. 이 방법은 부은 두뇌의 압력을 낮추거나 함몰된 두개골을 바로잡는 데 쓰였다. 환자들은 이런 수술을 받은 후 대부분 죽었으나 살아남은 사람도 있었다. 머리에 일곱 군데나 구멍을 뚫고도 죽지 않은 남자의 두개골도 있었다! (과학자들이 어떻게 아냐

고? 그의 뼈가 다시 자랐거든.) 이 구멍은 머릿속의 악마를 나가게 해 주는 것인데 지금도 두통처럼 간단한 것에 이런 수술을 하는 사람들이 있다.

3. d) 기원전 3000년경에 한 남자가 알프스 산맥을 지나다 폭풍에 발이 묶여 죽었다. 그 시체는 얼음 속에 보존되었다가 1991년 등산객들에게 발견되었다. 지금껏 발견된 인간의 신체 중 가장 오래되고 온전한 것이었다. 그걸 가지러 간 일꾼들이 유압 드릴로 얼음을 깨다 엉덩이를 부숴 버리지만 않았다면 완벽한 상태였을 것이다. 이들은 또 시체를 무리하게 관에 넣다가 팔까지 부러뜨렸다. X선 검사 결과 그는 관절염으로 목과 허리에 통증이 있었음이 밝혀졌다. 튼튼한 피부엔 문신이 있었는데 그가 통증을 느꼈을 척추 양쪽에 평행과 수직의 선들이 새겨져 있었다. 이 문신은 요통을 치료하기 위한 것으로 보인다. 하지만 유압 드릴로 뚫어버린 목의 통증을 치료하는 방법은 없다!

4. b) 어떤 돌은 자연적으로 구멍이 뚫려 있는데 지금도 홍역이

> 나 백일해 등 여러 질병의 치료법으로 어린이한테 이런 구멍을 지나게 하는 풍습이 남아 있다. 이 풍습의 유래는 원형으로 세운 돌무리 안에 돌을 세웠던 석기 시대로 추정할 수 있다. 스코틀랜드 하일랜드의 딩월에서는 아이들을 발가벗겨 옷부터 구멍을 통과시킨 다음 아이들을 지나가게 한다. 여러분이 그런다면 얼마나 창피할까!

끔찍한 두개골 수술

두뇌의 문제를 치료하기 위해 두개골에 구멍을 뚫는 것을 두개골 절개술(trepanning)이라고 한다. 이런 수술은 석기 시대 사람만 하는 거라고 생각하겠지? 천만에!

1962년 네덜란드의 의사인 바르트 후헤스(Bart Hughes)는 두개골의 구멍이 젊음을 유지해 준다는 주장을 제시했다. 그는 전기 드릴로 자기 머리에 구멍을 뚫었다. 다행히 살기는 했지만 네덜란드의 정신병원에 감금되었다.

그러나 3년 후 영국의 조 맬럼(Joe Mallam)이란 학생이 이 미친 의사를 만나 스스로 두개골 절개술을 해 보기로 결심했다. 그는 두피에 진통제(석기 시대에는 없었던)를 주사했지만 도와줄 사람이 없었다. 그 네덜란드 의사는 영국 입국을 거부당했으니까…. 이미 영국에 미친 의사가 넘쳐났기 때문이었나 보다.

첫 번째 시도에서 조는 쓰러져 병원 신세를 졌다. 그러나 두 번째는 성공했다. 그 다음 일은 모르는 게 낫다. 아랫부분은 건너뛰고 그 다음부터 읽기를…. 아니면 토할 양동이를 미리 준비하든지. 조는 자신의 과학적 대발견, 아니 괴팍한 대돌파를 이렇게 묘사했다.

> 조금 있으려니 피시시— 하는 섬뜩한 소리와 함께 꾸르륵 소리가 들렸다. 드릴을 잡아 빼자 꾸르륵 소리는 계속되었다. 마치 두개골 밑에 차 있던 공기 방울들이 흘러나오는 것 같은 소리였다. 드릴 속에는 약간의 뼛조각이 들어 있었다. 해낸 것이다! 전기 드릴이 있었다면 훨씬 간편했을 것이다. 난 붕대로 머리를 싸매고 지저분한 것들을 치웠다.

절대 집에서 시도하지는 말아라…. 아빠의 대머리에 있는 반점이 '파낼 곳'이란 표시처럼 보이더라도.

싸우는 농부들

기원전 5000년경 석기 시대 사람들은 유럽에 정착해서 농사를 짓기 시작했다. 떠돌이 사냥꾼들도 방랑을 멈추고 한 곳에 머물러 마을을 만들고 가축을 키웠다. 또 곡물을 거두고 도기를 만들었다.

평화로웠을 것 같지?

틀렸다.

당시 마을들은 해자(수로)와 나무벽으로 둘러쳐서 외부의 침입을 막았다. 역사학자들은 석기 시대 농부들이 아직 정착하지 않은 사람들로부터 스스로를 보호해야 했다고 추측했다. 아직도 떠돌면서 사냥을 하고 식물을 채집하는 무리들이 있었을 테니까.

그러나 이건 추측일 뿐이었다. 진실이 밝혀진 것은 1983년이었다. 독일의 탈하임(Talheim)이란 남자가 정원을 파다가 웬 뼈들을 발견했는데… 사람 뼈였다!

남자는 경찰에 알렸고 경찰은 이것이 고대인의 뼈라고 생각했다. 연락을 받고 달려온 고고학자들은 다음과 같은 오싹한 사실을 알아냈다.

- 한 구덩이에 34구의 유골이 있었다.
- 모두가 끔찍한 참변을 당했다.
- 대부분의 두개골은 몽둥이에 맞아 부서져 있었고 구멍이 난 것들도 있었다.
- 돌화살에 맞은 흔적이 여럿 있었다.
- 희생자의 거의 절반은 아이들이었고 60이 넘은 노인도 한 명 있었다(석기 시대인으로는 아주 오래 살았음).
- 어른 중 일곱은 여자였다.

이것은 장례식 현장이 아니었다. 이 농업 집단은 학살당한 뒤 커다란 구덩이에 버려졌던 것이다.

두개골들은 농사지을 때 쓰였던 손도끼로 부서져 있었다. 결국 떠돌이 사냥꾼들의 공격을 받은 건 아니었다.

이것은 한 농업 집단이 다른 농업 집단에게 몰살당한 사건이었다.

왜 싸움이 일어났는지는 알 길이 없다. 땅 때문이었을까? 동물? 배우자 때문에?

어쨌든 선사 시대 역사학자들이 한때 상상하던 것처럼 석기 시대인들이 항상 평화롭게 살지는 않았던 모양이다.

탈하임 구덩이는 7,000년 전 사람들이 농업이나 도예 등 특별한 기술만을 배운 건 아니었음을 말해 준다. 그들은 20세기의 우리가 너무도 잘 알고 있는 또 하나의 미풍양속을 배우고 있었다. '대학살'이라는 추악한 버릇 말이다.

전쟁에서 싸울 때 중요한 건 옳은 행동이 아니다. 이기는 것이다!

억세게 재수 없는 사나이

선사 시대, 지금의 미국 사우스 다코다 주에서는 한 부족의 대학살이 벌어졌다. 고고학자들이 발굴한 유골 중에 여자와 아이들이 거의 없었던 것으로 보아 이들은 포로로 잡혀 있었던 것 같다.

많은 시체들이 난도질당했다. 손과 발이 잘려 나갔고 머리 가죽이 벗겨져 머리카락은 승자들의 전리품이 되었다.

그러나 가장 불운했던 사람은 그 공격이 있기 몇 년 전에 이미 머리 가죽이 벗겨진 남자였다. 다행히 머리가 아물어서 그는 살아남았다. 그 스스로도 운이 좋다고 생각했을 것이다. 그 슬픈 머리가 다시 공격을 받아 두 번째로 벗겨지기 전까지는.

결국 두 번째 공격으로 그는 죽고 말았다.

의문스런 의식

여러분이 석기 시대에 살았다면 날씨를 걱정했을 것이다. 흉년이 들면 굶어죽었으니까. 저장 식품을 쌓아둔 석기 시대 슈퍼마켓은 어디에도 없었거든.

날씨는 운에 관련된 문제였다. 석기 시대 사람들은 이승과 저승에서 행운을 부를 수 있는 방법이 있다고 믿었다.

고대 그리스와 이집트인들에게는 '신'이 있었다. 그러나 석기 시대 사람들은 저 세상으로 영혼 여행을 떠난 죽은 조상들에게 제사를 지냈던 것 같다.

죽은 조상을 즐겁게 하는 건 중요한 일이다. 여러분이 그 영혼을 보살펴 주면 그 영혼도 여러분을 돌봐 준다.

첫 번째로 할 일은 영혼을 가두고 있는 죽은 몸에서 영혼을 풀어 주는 것이다. 영혼은 살이 뼈에서 떨어져야만 떠날 수 있다. 그러므로 여러분은 친구나 아빠, 또는 선생님의 시체에 곰팡이가 슬 때까지 기다렸다가 묻어야 한다. 일을 빨리 처리하고 싶으면 돌칼로 살을 도려내거나 시체를 밖에 두어 동물이나 새가 쪼아먹게 해서 죽은 자를 도와 줘도 된다.

덴마크에서 발견된 유골을 보면 죽기 전에 머리 가죽을 벗겨 냈던 흔적이 있다. 이것은 영혼이 몸에서 나가도록 해 주는 행위였을 것이다. 아니면 굶주린 석기 시대 사람이 두뇌를 훔쳐 먹으려고 그랬을 수도 있고(양파를 넣고 곱게 다져서 튀기면 맛있는 석기 시대식 두뇌 버거가 된다! 냠냠!).

물론, 영혼을 즐겁게 해 주기 위해서는 끔찍한 의식들을 행해야 했다….

장례식 곰탕

웨일스의 앵글시에는 바클로디아드 이 고레스(Barclodiad y Gawres)라는 돌로 된 묘실이 있다. 고고학자들이 밝혀낸 바로는 이 묘실에서 두 소년의 끔찍한 장례식이 행해졌다는데….

- 살이 다 탈 때까지 시체를 태웠다.

- 뼈를 발라내어 양의 뼈와 섞은 다음 흙 속에 묻었다.

- 그 묘실에서 불을 피우고 물을 끓였다.

- 물에 재료를 넣어 스튜를 만들었다….

장례식 스튜

- 먼저 물을 끓인다.
- 끓는 물에 다음 재료들을 넣는다:
  굴, 삿갓조개, 총알고둥, 뱀장어, 하얀 흙, 개구리, 두꺼비, 작은 뱀, 쥐, 뒤쥐.
- 잘 저어서 조개 껍질, 뼈, 뱀 껍질, 쥐의 내장 같은 것을 건져낸다.
- 그릇에 나눠 담는다.
- 장례식 스튜는 역시 깊은 맛이야.

국물을 맛있게 먹은 뒤 남은 찌꺼기들은 꺼져 가는 불에 쏟아 붓고 발로 밟아 불을 완전히 껐다.

요건 몰랐지?

석기 시대 오스트레일리아에는 남자들이 앞니 두 개를 부러뜨리는 진기한 풍습이 있었다. 이것은 남자들이 다 자랐을 때 행하는 의식이었는데 아마 성인이 되었다는 표시였던 것 같다.

마력의 마나

 석기 시대 사람들은 죽은 자의 영혼을 풀어 줘야 한다고 생각했던 것처럼, 죽은 친척들과 대화할 수 있다고 믿었던 모양이다. 그러나 몇몇 사람만이 '마나(mana)'를 지닐 수 있었다. 마나란 20세기의 석기 시대 학자들이 사용한 말인데 죽은 자와 대화하는 능력을 말한다.

 이런 사람들은 일부러 굶어서 무아지경에 빠져들었다. 물론 이걸 행하는 데 가장 좋은 장소는 묘지였다.

 경고: 학교 점심 시간을 빼먹고 공동묘지에 가서 엘비스 프레슬리와 얘기해 볼까 하는 생각은 아예 하지 말 것. '마나'를 얻기 위해서 석기 시대인들은 엄청난 훈련을 했다.

 오늘날 교회에서 예배를 보는 기독교인들은 죽은 자들을 가까운 교회 묘지에 묻는다. 그러나 석기 시대에는 죽은 자들의 뼈를 한 곳에 묻어 두고 제사는 다른 곳에서 올리는 경우가 많

았다. 서부 유럽에는 양옆에 돌담을 쌓아 신전까지 곧고 긴 길을 낸 걸 볼 수 있는데, 그 신전이 거대한 스톤헨지처럼 동그랗게 세운 돌무리다….

헷갈리는 헨지들

고고학자들은 크레인과 불도저가 없던 시대에 스톤헨지(Stonehenge)가 어떻게 세워졌는지 설명할 수 있다. 실제로 밧줄과 목재를 사용해 돌을 올리는 실험도 했다. 스톤헨지가 언제 세워졌고 어떻게 보여졌을지도 설명할 수 있다. 그러나 그 돌무리 안에서 무슨 일이 벌어졌는지에 관해서는 의견이 분분하다. 그 가운데에는 이상한 주장도 많다.

그러나 스톤헨지에서 이집트 유물이 발견된 적은 없었다. 그러니 이 견해는 무시하자.

스톤헨지는 기원전 1600년보다 훨씬 더 오래 된 것이다. 이 견해 역시 무시하라.

여러분이 아담과 이브라면 그랬을까? 이 근사한 주장은 1943년 한 스코틀랜드 남자가 내놓은 것이다. 아마 머리 속에 두뇌 대신 다른 게 들었나 보지.

어… 여러분은 이 말을 믿고 싶을지도 모르겠다. 두뇌가 반쪽밖에 없는 사람은 계속 읽어서 좀더 그럴듯한 견해를 찾아보도록.

스톤헨지의 진짜 역사

스톤헨지는 황폐한 성지가 되었다. 거대한 돌무덤들이 평원 곳곳에 만들어졌고 이런 무덤에는 유골이 가득했다. 그러나 머리는 따로 떼어져 의식이 거행되던 윈드밀 힐의 성역에 묻혔다. 몇백 년이 지난 후 구덩이 속의 머리들은 버려졌고 석기 시대 사람들은 옛날의 세 돌기둥으로 돌아가 동그랗게 참호를 팠다. 이렇게 해서 흙 둔덕으로 된 '헨지'가 생겼다.

이 헨지를 만든 사람들에게 달은 특별한 것이었다. 아마 죽은 사람의 영혼은 달로 가고 달에서 영혼이 나온다고 생각했던 모양이다. 이 돌무리는 하늘에서의 달의 움직임을 측정하는 데 쓰였던 것으로 보인다. 나무 기둥들은 달이 가장 남쪽에서 떠오를 때의 지점을 표시했다.

보름달은 기울어 그믐이 되고 다시 자라난다. 달은 죽었다가 다시 부활한다. 석기 시대 사람들은 사람도 달과 같다고 생각했을 것이다! 사람은 죽었다가 다시 태어나고… 다시 죽고 또 태어나고… 그렇게 계속된다!

또 어쩌면 살아 있는 사람이 달의 정기를 이용해 죽은 자를 다시 태어나게 도울 수 있다고 생각했을 것이다. 물론 여러분이 죽으면 부족 사람들이 여러분을 위해 똑같이 해 줄 것이다.

참으로 공평한 거래가 아닌가? 여러분의 조상을 숭배하고, 달을 숭배하면 여러분은 절대 죽지 않을 것이다.

나중에는 해가 달만큼 중요하게 되자 동지 때 해의 위치가 힐 스톤(heel stone)이라는 돌로 표시되었다. 스톤헨지까지는 곧게 뻗은 길이 나 있는데 일 년 중 가장 낮이 짧은 날 그 길을 걸어가면 바로 앞에서 해가 지는 걸 볼 수 있다.

석기 시대의 시간을 상상해 보자. 여섯 달 동안은 낮이 점점 짧아진다. 그렇게 계속 낮이 짧아진다면 해는 영원히 사라져 모두가 죽게 된다! 그러나 그 중요한 날(12월 21일)이 지나면 죽어가던 낮이 다시 길어지기 시작한다. 휴우!

여기서도 주목할 점이 있다. 죽음 뒤에 삶이 온다.

12월 21일은 시간의 끝이다. 삶과 죽음 사이의 벽이 약해지는 때가 일 년 중 이 시간이었다. 바로 '마나'를 지닌 사람들은 바로 이 시간에 조상들과 대화할 수 있었다.

> 오늘날엔 이런 일이 10월 31일에 일어난다고 믿는 사람들이 있단다. 그 날이 할로윈인데 밤이면 영혼들과 마녀들이 떠돌아다니지.
>
> 진짜로 봤나 봐.

석기 시대가 지나자 사람들은 조상의 영혼을 믿지 않게 되었다. 그들은 물과 신성한 숲의 정령을 믿었다. 기원전 1500년경, 스톤헨지는 1,500년 동안의 신전 역할을 마치고 버려졌다. 오늘날의 그 어떤 교회나 성당보다 더 긴 역사를 마감한 것이다.

헨지에서 했는지 말았는지

현대의 한 고고학자는 이렇게 말했다….

그 엉터리들 중 몇 가지가 단순한 돌머리들을 위한 다음의 단순한 퀴즈에 소개되어 있다.

스톤헨지는 5,000년 동안 별의별 흥미로운 일들을 많이 겪었지만 이 모든 게 엉터리는 아니다. 다음 중 여러분은 어느 게 참이고 거짓인지를 가려낼 수 있을까?

1. 스톤헨지는 비행기 추락 사고로 파괴될 뻔했다.
2. '알타 스톤(Altar Stone; 제단석)'이란 이름은 석기 시대 때 이 돌이 희생제에 사용된 데서 비롯되었다(희생제란 살아 있는 사람이나 짐승을 제물로 바치며 드리는 제사다. – 편집자).
3. 스톤헨지를 둥그렇게 만든 건 그 안에서 음악을 연주하면 소리가 훨씬 더 좋기 때문이다.
4. 스톤헨지는 켈트족의 드루이드교 고위 사제들이 만들었다.

5. 스톤헨지의 돌 일부는 콘크리트 위에 놓여져 있다.

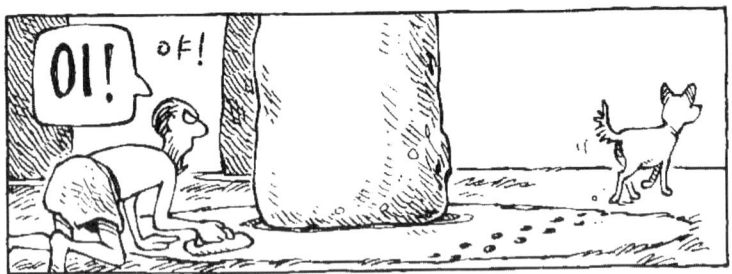

6. 1920년 한 고고학자가 '슬로터 스톤(Slaughter Stone; 학살의 돌)' 밑을 팠다가 포트 와인 한 병을 발견했다.
7. 고대 로마인들이 스톤헨지에 왔으며 돌 몇 개를 쓰러뜨렸다.
8. 스톤헨지는 거대한 컴퓨터 같아서 일식이 언제 올 지를 계산하는 데 쓸 수 있다.

답:

1. 참. 종종 사고로 인해 위대한 고고학적 유적이 발견되는 수가 있다. 그러나 사고로 그런 유적이 파괴될 뻔한 일도 많다! 1910년 호레이쇼 바버(Horatio Barber)는 새 비행기를 설계했다. 그는 자기 운전기사한테 시운전을 맡겼다. 그 기사는 비행기를 조종해 본 적이 없었지만 바보 같은 바버 씨 말이….

비행기 조종은 자동차 운전보다 아주 약간 어려울 뿐이다…. 그 불쌍한 운전기사가 알아낸 바로는. ASL 단엽 비행기는 스톤헨지

근처의 라크힐에서 이륙했다가… 아슬아슬하게 스톤헨지를 피해 바로 옆에 추락했다.

영국 군대가 스톤헨지를 무너뜨리고 싶어했다는 얘기가 있는데 이 돌들이 비행사들에게 위험했기 때문이다.

4년 후인 1914년 제1차 세계대전이 시작되었을 때 스톤헨지의 일부가 파괴되었다. 적군의 작전 때문에도 아니고 또 낮게 날던 비행기 때문도 아니었다. 다름 아닌 영국 군대가 솔즈베리 평원에 대규모 진지를 세웠기 때문이었다. 군대는 이 돌무리 근처 참호까지 진지에 포함시켰던 것이다. 그 바람에 고고학자들이 뭔가 더 발견할 기회를 앗아가 버리고 말았다.

2. 거짓. '알타 스톤'은 스톤헨지에서 피의 의식이 있었을 거라고 상상하는 사람들이 지어낸 이름이다. 사실 석기 시대 사람들이 스톤헨지를 만들 때 이 '알타 스톤'은 똑바로 세워졌다.

'알타 스톤'에서 희생제를 올리려고 했다면 기다란 사다리를 타고 희생자를 올려놓아야 했을걸!

스톤헨지에는 또 사람들이 학살되었다는 '슬로터 스톤(학살의 돌)'이 있다. 그 밖에 뒤꿈치 자국 같은 게 찍힌 '힐 스톤(Heel Stone; 뒤꿈치 돌)'이 있지만 그건 뒤꿈치 자국이 아니다. 심지어 '스테이션 스톤(Station Stone; 역전 돌)'도 있다…. 하지

만 여기에 멈춰 섰던 기차는 없었다!

3. 참… 사우샘프턴 대학교 과학자들의 말을 믿는다면 말이다. 이들 말로는 소리가 돌에 반사되어 거대한 앰프 같은 효과가 난다고 한다. 석기 시대 의식에서 연주된 북 소리가 증폭되었다면 마치 오늘날의 팝 콘서트처럼 요란했을 것이다.

4. 거짓. 사람들은 드루이드(Druid; 고대 켈트족의 지식층. 제사를 주관하고 젊은이들을 가르쳤으며 법관 역할도 했다. 이들의 주요 교리는 영혼 불멸이었다.)들과 스톤헨지를 헷갈리곤 한다. 그건 하얀 수염을 길게 기르고 수염보다 긴 하얀 옷을 입은 드루이드들이 2,000년 넘게 이 돌무리를 사용해 왔고 지금도 사용하고 있기 때문이다. 그러나 스톤헨지는 그들보다 2,000년 전에 이미 거기서 있었다!

'고대 드루이드 기사단'도 그렇게 오래 된 건 아니다. 철없는 어른들의 비밀 결사대의 일종으로 1781년 설립되었다. 마술 회합과 비밀 의식과는 별도로 이들은 아주 간단한 일, 일상의 문제로 서로를 도왔다. 그들의 비밀 신문에는 다음과 같은 특별 제안들이 실렸는데….

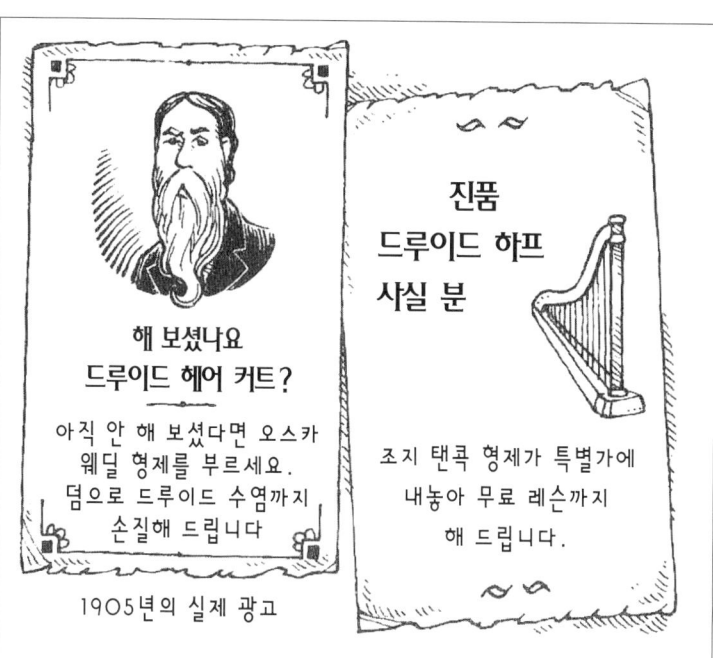

1905년의 실제 광고

　현대의 드루이드들은 1905년 스톤헨지에서 처음 성대한 축제를 열었는데 약 700명이 참가했다. 이들의 라이벌 그룹 역시 1905년에 모였는데 입장료를 못 내겠다고 버텼을 뿐만 아니라, 죽은 동료의 재를 원의 한가운데에 묻으려고 하다가 매우 곤욕을 치렀다.
　1926년에 출입을 금지 당한 드루이드들은 관리인에게 저주를 퍼부었다. 얼마 후 관리인이 죽자 드루이드들은 이렇게 말했다. "이제 알겠냐!" 그러나 결국엔 그들도 스톤헨지에서 축제 여는 것을 포기하고 말았다. 그들 중 일부는 스톤헨지에서 1마일쯤 떨어진 곳에 똑같은 크기의 스톤헨지를 세우려고 했고 일부는 런던 탑에 가서 의식을 치렀다. 그때는 물론 그에 대한 약간의 비용을 지불해야 했지….

5. 참. 그러나 석기 시대의 콘크리트는 아니다. 그때는 콘크리트가

없었으니까. 석기 시대 사람들은 구덩이에 돌을 세우고 자갈을 가득 메워 서로 아귀가 맞게 단단히 고정시켰다.

최근에 들어서 이 돌들이 기울게 되자 고고학자들이 자갈을 치우고 콘크리트로 메운 것이다. 제1차 세계대전 중 영국 군대가 솔즈베리 평원에서 폭탄 실험을 하느라 이 돌들이 흔들리기 시작했다. 탱크들이 바로 5m 옆을 지나기도 했다. 전쟁이 끝나자 복구 공사가 필요했음은 당연한 일. 그 돌을 세운 석기 시대 사람들은 폭탄이나 비행기, 탱크, 그리고 관광객들의 발걸음이 그들이 애써 쌓은 업적을 무너뜨릴 거라곤 상상도 못했을 것이다.

1963년, 돌 하나가 심하게 흔들거리다 강풍에 쓰러지고 말았다. 그러나 똑같은 강풍에도 현대의 많은 집들이 무너지는데 그 돌들은 무려 5,000년을 견디어 왔다! 석기 시대 사람들은 얼마나 뿌듯할까.

6. 참. 석기 시대의 포트 와인은 아니었다. 그 병은 1810년 마지막으로 그 돌 밑을 팠던 사람이 두고 간 것이었다. 불행히 코르크 마개가 썩어 포도주는 거의 새어나간 뒤였다고. 그러나 그 돌 밑에는 포트 와인 병보다 더 끔찍한 것들이 있었다. 1723년 당시 스톤헨지의 주인이던 토머스 헤이워드는 토끼들을 이 곳에 데려왔다. 맛

있는 토끼 고기 파이를 만들 속셈으로. 그런데 이 토끼들은 토끼 파이가 되기 싫었던지 돌들 밑으로 기다란 굴을 파들어 갔다. 그 토끼 굴들이 무너지면서 돌들이 내려앉기 시작했다. 토낀 토끼는 더 이상 토끼지 못하고 그 아래 깔려 죽고 말았다. 하지만 정작 깔려야 할 사람은 한심한 헤이워드가 아니었을까!

7. 거짓. 고대 로마인들은 종종 스톤헨지의 파괴자로 지목된다. 심지어 1950년대 〈타임스〉지에서도 로마인 파괴자들에게 비난의 화살을 쏘았다. 하지만 사실이 아니다. 로마인들은 스톤헨지에 오긴 했었다. 그러나 이들이 도착하기 전 이미 55번 돌을 포함한 돌들이 쓰러져 있었다. "고고학자들이 그런 걸 어떻게 알지?" 놀랍고도 궁금하겠지(계속 읽으면 말해 주~우지).

로마인들은 솔즈베리 평원에 길을 닦으면서 스톤헨지에서 야영했을 것이다. 이들은 로마인들의 방식대로 동전이나 도구, 제복이나 도기 등을 흘리고 다녔다. 고고학자들은 쓰러진 55번 돌 '주변'에서 로마인들의 물건들을 찾아냈지만 돌 '밑'에서 나온 건 하나도 없었다. 왜냐고? 그 돌은 로마인이 오기 전에 이미 누워 있었으니까.

가끔 고고학자들은 탐정 같다. 셜록 홈즈는 비오는 날 마른땅에 누워 있는 시체를 발견하면 이렇게 말한다. "그래! 이 사람은 비가 오기 전에 죽었어! 그건 기본이지, 왓슨!" 현명한 고고학자들이 55번 돌에 관해서 아는 것도 그런 이치다. 멍청한 고고학자들은 로마인들이 스톤헨지를 파괴했다고 주장해 왔다. 심지어 로마인들이 스톤헨지를 세웠다는 학자들도 있다. 하지만 그건 이제 여러분이 더 잘 알지?(어쨌거나 탄소 연대 측정법으로 석기 시대의 것임이 증명되었다.)

> 스톤헨지가 로마 시대에 세워졌다는 나의 발견은 현대 아키 아키눌러지 아키콜 아니콜러지 아르널 고고학에서 이룬 대업적이다!

8. 에… 거짓일 거다. 한 똑똑한 교수는 자기가 쓴 책에서 석기 시대 사람들이 돌 그림자가 일종의 달력이 되게 돌을 세웠음을 증명하려고 했다. 그러나 이 똑똑한 교수에겐 많은 책과 계산기가 있었다. 스톤헨지를 만든 석기 시대 사람들에겐 문자도 없었다. 그들이 머리 속에 간직해야 했던 지식은 모두 입에서 입으로 전해진 것이었다. 스톤헨지의 건설자들은 영리했지만 아주 영리하지는 않았다.

드루이드의 날

영국 경찰은 한때 10년 동안 1년 중 낮이 가장 긴 날과 짧은 날에 관광객의 스톤헨지 출입을 금지했다. 이 때문에 1985년, 경찰이 한여름 축제를 위해 온 사람들과 싸운 사건인 '빈 필드의 전투(Battle of the Bean Field)'가 벌어졌다.

그 후 1997년 12월과 1998년 6월에는 동지 및 하지의 태양에 제를 올릴 수 있도록 꼭 100명에게만 입장이 허용되었다. 말썽꾼들의 접근을 막기 위해 500명의 경찰이 이들을 동그랗게

에워쌌다. 그러나 경찰은 동이 트기 전 어둠 속에서 6km를 기어 그 원 안으로 들어갔던 몇몇 사람을 놓쳤었다. 결국 스스로를 '아서 대왕'이라고 부르던 남자가 이끄는 솔즈베리의 이 말썽꾼들은 전날 밤에 체포되었다.

숭배자들은 켈트족 드루이드들이었고 마녀들도 있었다. 오전 4:50, 숭배자들은 고대 유적에 쏟아지는 햇빛을 보기 위해 힐 스톤을 향해 섰다. "만세, 태양이여!" 드루이드 제사장이 소리쳤다.

그러나 그 날 아침엔 구름이 껴서 해가 나지 않았다. 어쨌든 모두가 차례로 '즐거운 하지'를 기원했다.

젊은 한 쌍은 결혼식을 올렸다. 이들은 빨간 털실로 짠 고리로 서로 손목을 묶고 수정과 꽃다발 위를 뛰어넘었다. 이어서 입을 맞추었는데 이들은 겨우 1년하고도 하루만을 같이 살았다고 한다.

이들은 몇 시간 동안 노래하고 춤추고 돌들을 껴안은 뒤 자리를 뜨기 시작했다. 바로 그때 해가 나왔다! "만세, 태양이여!" 결국 모두가 그렇게 외치고는 집으로 돌아갔다.

해롭지는 않은 행사다. 그러나 옛날 스톤헨지에서 제사를 올렸던 석기 시대 사람들이 이 모든 걸 보았다면 뭐라고 생각했을까? 그들은 켈트족 드루이드들이 등장하기 전 수백 년 동안이나 그 유적을 버려 두었었는데.

그들은 호기심 많은 드루이드한테 미소지을지는 몰라도 드루이드 우두머리가 마차에 올라 떠나는 모습을 봤다면 깜짝 놀랐을 것이다. 그 마차가 다 찌그러지고 녹슨 고물차였거든!

하얀 소, 검은 마녀

스톤헨지는 세계에서 가장 유명한 돌무리로 꼽힌다. 그렇다고 유일한 돌무리는 아니며 가장 큰 돌무리는 더더욱 아니다.

다른 돌무리들은 대개 그 존재를 설명해 주는 전설을 지니고 있다. 이런 곳들은 자연의 선한 기가 집중되는 행운의 장소로 여겨진다.

(**주의 사항**: 다음 이야기는 크게 소리내어 읽되 촌스런 억양을 강하게 섞어 사방에 침을 튀기며 읽는다. 그런 다음 코흘리개 어린이를 찾아 이 이야기를 들려준다. 꼬마들이 비웃을 수도 있겠지만 이걸 명심하도록. 웨일스와 잉글랜드의 국경에 있는 한 돌무리를 설명하기 위해 까마득한 옛날, 이 이야기를 지어낸 사람들은 나이 꽤나 든 어른들이었음을!)

슈럽셔에 있는 미첼스 폴드에는 절대 가면 안 되여, 목숨을 잃고 싶지 않음 말이지! 거기는 아주아주 오래 된 동그란 돌무리가 있거든. 조심혀! 그 근처엔 얼씬도 하지 말어! 왜냐믄 거긴 말이여, 마녀가 있어. 그 마녀가 그 중 제일 큰 돌 안에 갇혀 있다니께!

그려, 모든 이야기는 이상한 흰 소와 함께 시작되었어. 너, 그런 소 아냐? 검은 소와 똑같은데 흰색이란 말여. 어쨌든 전국에 심한 가뭄이 들어서 모두가 굶주리고 굶어 죽을 처지였어.

그런데 그 오래 된 돌무리 한가운데 난데없이 흰 소가 쿵쿵 걸어 들어오는 게 아니겠어. 바로 그 곳에서 흰 소가 사람들한테 한 동이씩 젖을 짜게 내주는데 대체 그 젖이 마르지를 않았단 말여. 그래서 그 우유가 온 마을 사람들의 목숨을 구해줬다는 거 아녀.

그런데 그 소가 사람들한테 말을 하더란 말이지(말하는 소라니께, 알겠어?). 이런 경고였어.

"만약 누구라도 욕심을 내어 젖을 한 동이보다 많이 짜면 난 여기를 떠나 다시는 돌아오지 않겠다!" 참으로 거만한 암소여, 안 그려?

그러던 어느 날 밤 한 심술궂은 마녀가 다가왔어. 그 흰 소는 무슨 일이 벌어지는지 몰랐지, 사방이 어두웠으니께, 밤이었다고 그랬잖여. 그런데 그 마녀가 글쎄 체에다 흰 소의 젖을 짜는 게 아니겠어! 참, 나! 우유가 다 새어나갔것지, 안 그려?

그때 갑자기 번쩍하고 번개가 쳤어(참, 폭풍우가 몰아치고 있었다고 말 안 했던가? 안 했어? 그럼 말하지, 폭풍우가 불었어). 어쨌든 그 소는 번갯불 속에서 그 체를 보고 마치 빨간 보자기를 본 황소 마냥 머리 꼭대기까지 화가 났어(암소들은 황소 같은 데가 있거든).

하여간 그 미친 소가 마녀를 뻥 차서 마녀는 돌이 되어서 지금까지 그 자리에 서 있는겨. 그리고 그 암소는 자취를 감춰서 돌아오지 않았고. 그게 그렇게 되야서 돌이 여직까지 그 자리에 서 있는겨.

> 폭풍우 덕에 사람들을 굶주리게 했던 가뭄이 결국 풀렸고, 사람들에게 먹을 게 생기자 마르지 않는 우유는 더 이상 필요하지 않게 되었어. 그리고 영원히 행복하게 잘 살았다는 거여.
> 알겠냐?(으으으으으 아아아아악!)
> 하지만 사람들은 아직도 미첼스 폴드의 흰 소를 기억하고 있대여.
> 그렇고 그런 이야기다 이 말씀이여.
> 대단하지.

돌무리에 얽힌 많은 전설을 보면 이 돌들은 원래 사람 또는 동물이었다고 한다. 그밖에도 돌이 된 사연은….

 결혼 피로연에 왔던 사람들이 일요일에 춤췄다는 이유로 모두 돌이 되었다(잉글랜드 에이번 스탠턴 드루).

 일요일에 일을 한 죄로 세 여자가 돌로 변했다(웨일스 몰프리).

교회 물건을 훔치다 붙잡힌 도둑이 돌이 되었다(여러 곳에서).

크리스트 교가 영국에 건너왔을 때 개종을 거부한 거인들이 돌로 변했다(스코틀랜드 웨스턴 아일스).

여자들이 거짓 증언으로 한 남자를 사형시키게 만들었다가(사우스 웨일스 코트렐).

한 소녀가 결혼하자는 마법사한테서 도망치다가(스코틀랜드 애버딘).

한 마리 암소, 한 마녀와 한 어부(아일랜드 이니스보핀).

한 거인과 그의 일곱 아들이 마법사와 전쟁을 벌였다가(아일랜드 케리).

어느 인어의 아이들(아일랜드 크러컨코니아).

말도 못하게 어려운 숙제를 낸 역사 선생님이 한 학생의 마법으로 인해 돌로 변했다…. 그랬으면 좋겠지!

해괴한 헨지 풍습

헨지를 비롯해 석기 시대 유적들 가운데는 아직도 이상한 믿음을 지닌 것들이 많다. 여러분이 좋아할 만한 몇 가지를 소개

한다…. 여러분이 심각하게 우울한 괴짜라면 말이다.

1. 병이 난 친구가 살 수 있는지 없는지 알고 싶다고? 그럼 스코틀랜드 딩월 근처에 있는 브래한 숲에 가서 원형 돌무리를 찾아라. 케이크를 가져가서 그 돌무리에 밤새 놓아 둔다. 다음 날 아침 그 케이크가 사라졌다면 친구는 살 수 있다. 그러나 케이크가 그대로 있다면… 얼른 장의사를 부르도록(아니면 케이크 좋아하는 강아지나!).

2. 복권에 당첨됐으면 좋겠지? 그럼 아일랜드에 널린 원형 돌무리 아무 데라도 좋으니 암소를 데려간다. 소를 베어 약간의 피를 컵에 받는다. 그 피를 한 모금 마시고 남은 것은 땅에 쏟아 버린다. 그러면 행운이 온다. 피를 보고 성난 소가 피를 쏟아버리려고 허리를 굽힌 여러분을 뒷발로 날려버리지만 않는다면! 이 피의 풍습은 19세기 빅토리아 시대에도 행해지고 있었다.

3. 누구와 결혼하게 될지 궁금하지? 여자라면 웨일스 스완지 부근 고어에 있는 '아서의 돌(Arther's Stone)'로 가면 된다. 보름날 밤 자정까지 기다렸다가 케이크와 우유, 꿀을 그 고대의 돌에 놓는다. 네 발로 기어서 그 돌 주위를 세 번 돈다. 여러분이 좋아하는 사람의 모습이 나타나면 그 남자와 결혼하게 될 것이다. 그렇지 않으면 그가 TV 보느라 바빠서 못 왔나 보다, 라

고 생각해. 물론 이것은 여자한테만 해당된다. 남자들은 비디오 카메라를 갖고 여자를 따라가 돌 주위를 기어다니는 모습을 찍기만 하면 된다(그게 훨씬 더 재미있고 힘들지도 않다).

4. 전용 제트기나 요트, 또는 자전거를 갖고 싶다고? 그럼 스코틀랜드의 벤 로열(Ben Royal)에 가서 '난쟁이의 돌(Stone of the Little Men)'을 찾을 것. 은화 한 닢과 함께 여러분이 갖고 싶은 것의 모형이나 그림을 돌 위에 놓는다. 그럼 여러분은 일주일 내로 그 돌 밑에 사는 난쟁이들이 만든 완벽한 실체를 보게 된다.

5. 여러분은 원형 돌무리에 서 있는 돌의 개수를 셀 수 있을까? 많은 돌무리들은 그 돌의 개수를 셀 수 없게 만드는 마력을 지녔다고 한다(사실 한 손의 손가락 개수도 못 세는 사람들도 많잖아!). 몇몇 돌무리에 얽힌 전설에 따르면 빵 굽는 사람이 돌의 개수를 세려고 각각의 돌 밑에 빵 하나씩을 놓았다고 한다. 그

런데 빵이 꼭 하나씩 없어지는 것 같아서 결국 실패하고 말았다. 한편으로는 이런 얘기도 있다. 빵 굽는 사람이 마침내 일어서서 말하기를, "이 원에 있는 돌의 개수는… 크윽!" 그리고는 미처 말을 마치기 전에 죽어 버렸다고.

헨지에서 헤매기

스톤헨지는 초기 역사학자들에게 알려진 유일한 석기 시대의 돌무리였다. 다른 돌무리들은 묻혀 있거나 파괴되었거나 또는 보이지 않았다.

"보이지 않았다니?" 놀라는 사람들이 있군. "고리처럼 늘어선 그 커다란 돌판들이 안 보일 수도 있어?" 소리지르는 사람까지.

자, 조용히 하고 내 말 좀 들어보기를.

중세 시대 역사학자들은 돌무리들을 보고 이렇게 말했다….

이 돌무리들은 자연적으로 생긴 것이다. 즉 신께서 어떤 질서에 따라 이 돌들을 세워 놓은 것이다. 하지만 신이 왜 그러셨는지는 우리도 모른다.

신이 이 돌들을 세워 놓았다면 신은 아주 힘이 센 게 분명하다. 그리고 해와 달, 별을 창조하거나 불쌍한 석기 시대 사람들에게 메뚜기 떼를 보냈던 날이 아닌 조용한 날에 그 일을 했을 것이다.

잉글랜드 윌트셔에 있는 에이브버리 같은 돌무리들은 아주 커서 그 원 안에 마을이 지어졌고 돌들은 집을 짓는 데 쓰였다 (참고로 에이브버리의 직경은 425m이다. 스톤헨지의 참호는 직경이 100m밖에 안 된다). 이런 식으로 파괴된 돌무리들은 알아보기가 힘들었다. 그러나 스톤헨지를 못 알아보는 경우는 없었다. 누가 왜 그것을 만들었는지 논란이 끊이질 않아서 좀 그렇지만.

'스톤헨지'라는 이름은 고대 영어에서 나왔다. 그 이름의 반인 '스톤(Stone)'은 돌을 뜻한다(요건 정말 몰랐겠지?).

그러면 '헨지(henge)'라는 말의 뜻에 관해 사람들은 뭐라고 할까?

고대 영어에서 '헨지'는 무슨 뜻일까?

a) 원
b) 도구
c) 교수대

답: c) 중죄인 아니고서는 해당하지는 않지만 아니 사람들은 "헨지"가 고대 영어 hinge(경첩)에서 나왔다고 흔히 쓴다. 이 말은 모양이 없이 공중에 걸렸을 받침기가 매달린 것이다. 그러나 고고학자에 있어서 henge는 교수대를 쪽에 사람들이 이 말들을 이 중앙을 파서 교수대 기둥을 세워 두는 것이다. 아마도 그 말들은 스톤헨지에."

수를 세는 왕

1620년 영국왕 제임스 1세는 백성들이 사는 모습을 보려고 나라를 돌다가 스톤헨지에 들렀다. 제임스 1세의 친한 친구는 원래 주인한테서 스톤헨지를 사들이려고 했다.

이것이 스톤헨지 관광 산업의 시초였다. 그 후 오랫동안 사람들이 이곳의 돌들은 훔쳐갔다. 돌들은 다리를 만들 때 쓰이거나 관광 기념으로 돌 조각을 가져가고 싶어하는 방문객들에게 조각조각났다(관광지의 돌멩이를 가져가는 풍습도 이때부터 생겼다. 이건 농담이야).

17세기 중반에는 말을 빌리는 데 6펜스, 그리고 가까운 마을에서 여자 안내원을 구하는 데 4펜스를 더 내면 되었다.

이곳의 가장 유명한 방문객은 도피 생활로 두려움 속에서 지내다 당일치기로 스톤헨지에 왔던 찰스였다. 찰스는 제임스 1세의 손자로 나중에 국왕 찰스 2세가 된 사람이다. 1651년 9월 그는 충실한 경호원 몇몇과 함께 의회파인 원두당(Roundheads)으로부터 도망치던 중이었다. 그 경호원 중 하나가 그 때 일을 기록했다면 이렇지 않았을까….

1650년 9월 3일

우스터에서 원두당과 싸우다. 이름도 우습지, 우스터. 우리 운명도 우습다! 찰스 왕세자님과 나는 놈들이 우리를 선왕 찰스 1세처럼 만들기 전에 달아나야 했다. 목을 잘려 굴러다니는 머리가 될 순 없다.

그 둥그런 머리의 원두당 녀석들이 무서워서가 아니다. 단지 내 머리를 아주 소중하게 여기기 때문이다. 우리는 남쪽 다른 주로 말머리를 향하고 있는데 거기서 죽은 듯이 있어야 한다. 다음 주에는 프랑스로 가야 한다고, 찰스 왕세자님이 말씀하신다.

1651년 9월 5일

이 집 저 집 안전한 집을 찾아 떠돈다. 난 지쳤다. 부츠도 다 닳았고 안장 때문에 엉덩이가 아프다. 그래서 우리는 여기, 황량한 우드퍼드라는 곳에 있는 힐 하우스에서 쉬는 중이다.

우리는 비밀 방에 틀어박혀 있고 나는 머리를 틀어박고 있다. 알다시피 우리는 이 집 하인들을 믿을 수 없다. "녀석들은 우리를 밀고할 거야!" 찰스 왕세자님이 말씀하신다.

"그럼 내일은 말 타고 산책이나 하시죠." 집주인이 말한다. "하인들은 모두 솔즈베리 시장에 나가거든요!"

또 말을 타? 내 아픈 엉덩이는 어떡하고! 뭐, 좋다. 충성스런 부하(나 같은)는 불평을 하지 않는 법이니까.

1651년 9월 6일

오늘은 정말 이상한 날이다. 이 집 하인들이 모두 나간 뒤 왕세자님과 로버트 필립스 경과 나는 말을 타고 그 언덕으로 갔다. 나는 한 번도 엉덩이가 아프다고 불평하지 않았다. 아니 솔직히 말하자면 그 스톤헨지라는 곳에 도착하자 엉덩이가 아픈 것도 잊어버렸다. 커다란 돌들이 거대한 원을 이루며 둥그렇게 세워져 있었다. 찰스 왕세자님은 말에서 내려 말씀하셨다. "여기가 우리 조상들의 회합 장소였다! 브리튼의 브루터스 대왕! 그 분은 트로이에서 오셨지."

"이곳이 뭐였습니까?" 내가 물었다.

"그분의 궁전." 왕세자님이 대답하셨다.

지붕도 뭣도 없어서 바람은 잘 통할 것 같았다. 하지만 내가 살고 싶은 그런 궁전은 아니다.

그때 로버트 필립스 경(굳이 소개하자면 그는 잘난 체 하면서 우리 찰스 왕세자님 앞에서는 엄청 아부한다.)이 말했다. "마마, 전해지는 말로는 이 돌의 개수를 센 사람이 아무도 없다 하옵니다! 셀 때마다 매번 다른 답이 나오는데 바로 브루터스 대왕의 마법 때문이랍니다."

그러자 찰스 왕세자님은 결투를 신청하듯 말씀하셨다. "내가 세 보지, 은화 한 닢 걸겠네."

그러더니 나를 보시며 말씀하셨다. "좀 도와주게, 조지."

한참 후 왕세자님이 나한테 물으셨다. "어때? 내가 세기론 93인데, 조지, 자네는 몇 개로 세었나?"

"열입니다." 내가 대답했다.

"열? 열 개는 훨씬 넘어! 왜 열까지만 센 거야?"

"손가락이 모자라서요."

어쨌든 왕세자님은 다시 세셨다. 그러더니 환호성을 질렀다. "아흔 셋! 똑같아!"

로버트 필립스 경(굉장한 아첨꾼이라고 말했던가?)이 한쪽 무릎을 꿇고서 말했다. "그건 바로 마마께서야말로

마땅한 왕위 후계자라는 증거입니다. 오직 브루터스 대왕의 피를 이어받은 자만이 그 마법의 돌을 셀 수 있습니다."

왕세자님은 그 말에 기뻐하셨다. "마땅한 왕이라." 왕세자님은 먹이 주머니에 머리를 박은 말처럼 고개를 끄덕이셨다. "나는 돌아가겠노라!"

우리는 힐 하우스 하인들이 도착하기 전에 돌아가서 숨었다. 정말 재미있는 하루였다. 그러나 그 돌들은 으스스하다. 로버트 필립스 경만큼 섬뜩하다. 분명 그 돌들에는 마력이 있다.

만일 그 돌들이 왕세자님한테 '그가 마땅한 왕'이라고 말했다면 난 그 말을 믿었을 것이다.

어쨌든 왕세자님은 돌아갈 것이다, 돌아갈 것이다.

물론 찰스는 10년 만에 왕 자격으로 돌아갔다. 그 점에서는 필립스 경의 말이 옳았다. 그러나 그 돌무리를 만든 사람이 고대 브리튼의 왕 브루터스였다는 건 틀린 말이었다.

돌의 마법

많은 사람들이 이런 돌무리를 보고는 그 돌들의 이상한 힘을 '느꼈다'고 말했다. 사실 돌무리에서 의식을 올린 건 드루이드들만이 아니었다. 마녀들도 이런 곳을 회합 장소로 사용했다고 한다.

물론 크리스트교 교회는 마음이 편치 않았다. 서기 452년,

교회는 이런 명령을 내렸다….

돌을 숭배하지 말지어다!

하지 말라는 법이 있었다면 그걸 하는 사람이 있었다는 얘기다!

1326년, 에이브버리의 교회 지도자들은 마을 사람들에게 경고하는 것으로만 그치지 않았다. 이들은 특단의 조치를 내렸다. 그 돌들을 공격하기로 한 것이다. 궁금하지? 돌들이 정말 반항했을까?

"돌들이 다 어디로 갔죠?" 나그네가 물었다. 그는 눈에서 뚝뚝 떨어지는 빗물을 훔치고는 저쪽의 진흙 구덩이를 뚫어져라 쳐다보았다.

머리가 허옇게 센 주민이 날씬한 쇠삽을 흙더미에 처박더니 챙이 넓은 모자를 벗어 흔들며 물을 떨어냈다. 그는 실눈을 뜨고 이 낯선 사람을 쳐다보았다. "그러는 댁은 뉘시오?"

"전 떠돌이 이발사 헨리 바버라고 하죠. 나쁜 피를 빨아먹는 거머리들과 머리나 수염을 잘라주는 면도날을 가지고 다닙니다. 저를 아실 텐데요! 전 해마다 이맘때쯤 이 마을에 들르거든요. 올 때마다 이곳에 거대한 돌들이 둥글게 늘어서 있는 걸 보았죠. 그런데 절반이 사라지고 없네요!" 그는 주위를 둘러보며 목소리를 낮췄다. "사람들 말로는 악마가 그 돌을 세웠다고 하

던데. 악마가 도로 가져갔나요?"

그 주민은 허리가 끊어질 것 같은 중노동을 쉴 핑계가 생겨서 기쁜지 삽에 기대면서도 사제들이 거대한 돌 주변을 돌며 기도하고 성수를 뿌리는 모습을 초조하게 바라보았다. "악마 애긴 꺼내지도 마시오. 악마가 깨어날지도 모르니까." 그가 경고했다.

떠돌이 이발사는 알아들었다는 듯 끄덕이며 자기 코 한쪽을 톡톡 쳤다. "그 말이 맞네요. 그런데 그 돌들은 대체 어떻게 된 거죠?"

"교회에서 우리한테 돌들을 묻으라고 했다오. 그래서 주민들이 1년 동안 이 일을 하고 있지. 한데 이 망할 놈의 비 때문에 진척이 없어."

"올해는 내내 비가 안 왔는데요." 나그네가 웃었다.

그 주민은 전혀 웃지 않았다. "그런지도 모르지. 우리가 이 근처에 오기만 오면 화창한 하늘에서 먹구름이 나타나곤 했으니까. 저 구름들이 사라졌으면 좋으련만."

나그네는 어깨를 으쓱했다. "어쨌든 교회에서 시킨 일이니까 해야죠. 저기, 그런데 말예요. 통통하고 미끌미끌한 거머리 한 쌍이 있는데 관심 있으세요? 은화 세 닢만 받고 드릴게."

"댁이 나 대신 여기서 땅을 파 준다면 그만큼 드리지. 난 이제 아주 지긋지긋해."

건장한 사내였던 나그네는 그 일만 하면 간단하게 좋은 음식을 배불리 먹고 선술집에서 몇 잔 술까지 걸칠 수 있을 것 같았다. 이내 두 사람의 거래가 이루어졌고 주민이 삽을 건넸다.

"제가 뭘 하면 되죠?" 남자가 양손에 침을 뱉으며 물었다.

"돌 옆에 나란히 깊은 구덩이를 파는 거요. 충분히 긴 구덩이가 완성되면 돌 밑으로 구멍을 파서 구덩이에다 돌을 넘어뜨리는 거지. 그 다음엔 흙으로 돌을 덮어서 돌을 묻는 거요."

"벌써 구덩이 길이가 꽤 되네요!" 나그네가 말했다.

"그래. 이제 막 돌 밑을 파기 시작했다오. 댁은 촌뜨기 피터 옆에서 하면 되오." 주민이 말했다.

나그네가 젖은 풀 위를 미끄러져 잽싸게 구덩이로 내려가는 바람에 일꾼들에게 진흙 뻘이 튀었다. 그들이 나그네를 노려보았다. 그는 씨익 웃었다. "댁들이 일하는데 악마가 참 좋은 날씨를 보냈군요!" 그가 껄껄 웃었다.

일꾼들은 겁에 질린 표정으로 그에게서 등을 돌렸다. 그는 우뚝 선 돌 밑에서 흙을 파내기 시작했다. 그 다음 일은 순식간에 일어났다. 컴컴한 구덩이 바닥이 갑작스런 번갯불에 환해졌다. 잠시 후 천둥이 우르릉거리더니 억수같은 비가 일꾼들 위로 사정없이 퍼부었다.

빗물이 참호 벽을 흘러내리며 깊은 웅덩이를 만들었고 장화 꼭대기까지 넘실거리기 시작했다. 비는 또 엄청난 돌을 붙들고 있던 흙까지 쓸어 내렸다.

공포가 사람들을 덮쳤다. 그들은 허겁지겁 가죽 사다리를 찾았다. 다른 사람들은 구덩이를 기어오르며 도움의 손길을 구했다. 그 주민은 구덩이 가장자리에 엎드려 나그네에게 손을 뻗쳤다. 그들의 손이 맞닿았을 때 꾸르륵 소리가 나는가 싶더니 돌이 신음소리를 내며 번들거리는 입을 쩍 벌린 구덩이 쪽으로 기울어졌다.

그 주민이 고개를 들어 살짝 몸을 일으켰고 그 바람에 진흙으로 미끄러운 나그네의 손이 빠져 나갔다. 나그네는 뒤로 넘어지면서 철퍽하고 물웅덩이로 떨어졌다. 그의 머리가 물 속에 빠지는 순간 무너지는 돌의 굉음에 묻혀 비명은 더 이상 들리지 않았다.

돌은 구덩이에 꼭 맞았다. 옆으로 스며 나오는 갈색의 진흙에 옅게 붉은 색이 감도는 듯했다. 사람들이 앞으로 나와 가장자리에서 부글거리는 물거품을 지켜보았다. 비는 시작할 때처럼 갑자기 그쳤다.

"어떻게 하죠?" 누군가 사제에게 물었다. "그 자를 꺼내진 못할 거예요."

창백해진 사제가 나직이 말했다. "그럴 필요 없소. 그 자는 에이브버리의 그 누구보다 큰 묘석을 가지게 된 거요. 흙으로 덮어 줍시다."

"다른 돌들은요?" 또 누군가 물었다.

사제는 시커멓게 서 있는 돌기둥들과 이미 진흙에 묻힌 자리들을 둘러보았다. "그냥 두시오." 그가 언짢은 듯 말했다. "이 일은 경고로 받아들입시다."

에이브버리의 무서운 이야기

1938년 에이브버리에서 한 남자의 유골이 발견되었다. 1320

년대에 돌을 묻는 작업을 하다 뭉개진 것이었다. 그 남자는 목이 부러져 있었다. 두 발이 그 돌에 짓눌려 있어서 그의 시체를 꺼낼 수 없었다. 주머니에 가위와 면도날이 있는 것으로 보아 그는 여행 중에 일을 거들러 나섰던 떠돌이 이발사였음이 거의 분명했다.

그의 지갑에는 은화 세 닢이 들어 있었다. 에이브러리 사원의 저주에 희생된 것일까?

1938년 고고학자들이 그를 발견한 후 그는 편히 쉬지 못했을 것이다. 그의 유골은 부검을 위해 런던의 외과 대학에 보내졌다. 그런데 그 후 제2차 세계대전 중에 그 유골은 다시 폭탄으로 유실되었다.

한 번 으깨진 것은 운이 없었다고 치자. 두 번 으깨진 것은 저주가 아닐까!

1320년대 에이브러리에서 사고가 있은 후 1349년엔 흑사병이 돌았다. 마을에는 긴강한 농부들이 별로 없어서 그 작업을 끝내고 싶어도 할 수가 없었다. 결국 남은 돌들은 무사했다…. 한동안은.

- 17세기와 18세기 사람들은 그 돌들을 깨뜨려 집을 만들었다.
- 날이 저물면 그 돌들을 보고 말들이 무서워한다는 지방 의회의 주장에 따라 또 그 일부를 치웠다(그 말들은 마부들이 느낄 수 없었던 것을 느꼈나 보다!).

- 19세기에는 농사에 방해가 된다고 또 몇몇 돌을 옮겼다.
- 1976년에도 돌무리 바로 옆으로 길이 생기는 바람에 차들이 46번 돌을 들이박았고 결국 트럭 한 대가 충돌해서 그 돌을 제자리에서 밀어냈다.

석기 시대의 유령들

사람들은 항상 석기 시대의 물건을 찾는다. 그런 유물을 파내는 사람은 단지 고고학자들뿐 아니라 숲에 소풍 나온 사람들, 산책하는 사람들, 그리고 금속 탐지기를 가진 발굴광들도 있다.

물론 고대 유물을 찾아다니는 사람 중 다수는 전혀 역사에 관심이 없다. 그들은 팔아먹을 만한 가치 있는 물건을 찾을 뿐이다. 그러니까 묻혀 있는 보물 말이다!

그러나 여러분이 부를 찾아 가까운 들판을 뒤지러 가기 전에 미리 경고해 두는 게 좋겠다….

위험이 있다고 말이다.

1. 들판을 파거나 유물을 찾아 돌아다니기 위해선 먼저 땅 주인의 허락을 얻어야 한다. 미리 허락을 받지 않으면 주인이 사냥총으로 여러분을 쏠지도 모른다. 게다가 사냥총의 탄환을 여러분 등가죽 밑에서 뽑아내려면 오랜 고통의 시간이 필요하다.

2. 훈련을 받지 않은 아마추어라면 유물을 발굴하기보다는 파괴하는 수가 많다. 지방의 청년 고고학회 같은 단체에 들어가는 게 가장 좋다. 도서관에 물어 보면 그들의 주소를 알려줄 것이다.

3. 여러분 때문에 단잠에서 깬 석기 시대의 유령들이 여러분을 쫓아다닐지도 모른다.

이 대목에서 여러분은 세 번째 경고, 석기 시대의 유령을 겁낼지도 모르겠지만 그건 한마디로 바보 같은 소리다. 그러나 그걸 아주 심각하게 받아들이는 사람들도 있다. 또 일부에선 그걸 아주, 정말, 진짜 심각하게 받아들이는데….

무시무시한 배로

석기 시대에는 죽은 사람을 묻은 뒤 종종 흙이나 돌을 동그랗게 쌓아 배로(barrow)를 만들었다(보통 무덤에 덮은 작은 봉분이 아니라 아주아주 커다란 흙더미, 동산이다. 그래, 고분 말이야!).

이런 배로에는 흙으로 된 것과 돌로 된 것이 있다. 이런 재료들은 시체 위에다 직접 쌓아 올리기도 하고 아니면 먼저 돌이나 나무로 방을 만들고 그 위에 쌓아 올리기도 했다.

한 마디로 배로는 여러분의 죽은 친구가 썩어갈 작은 집이었다. 일부 고고학자에 따르면 이런 배로는 석기 시대 사람들의 집과 같은 모양으로 만들어졌다고 한다. 이를테면 죽은 사람들이 아늑하게 지낼 수 있게 집처럼 만든 요양원인 셈이다.

정말 아늑하겠지? 배로의 유형은 여러 가지인데 그 중에는 고고학자들이 재미난 이름을 붙인 것들도 있다….

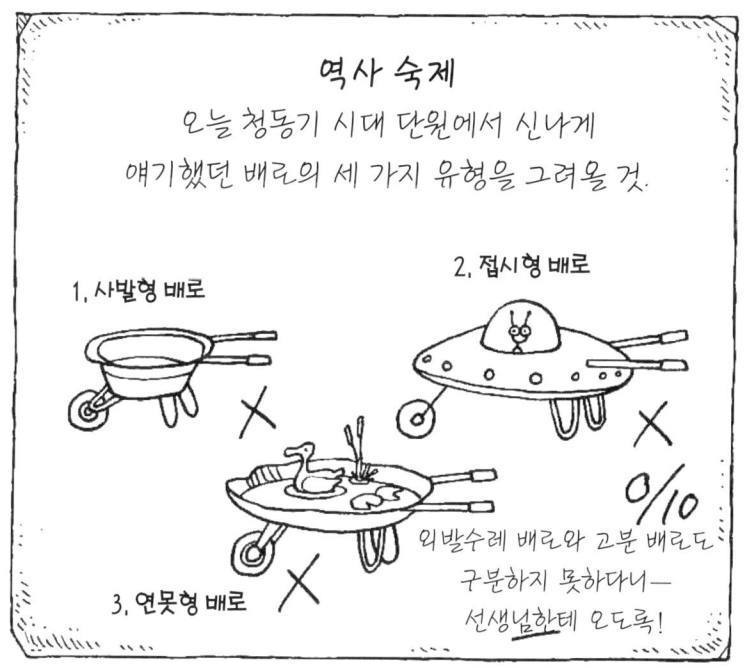

*배로(barrow)에는 고분이란 뜻도 있고, 외발수레라는 뜻도 있다.

이런 배로들은 전 세계에 걸쳐 발견되었고 중세 시대에 이르

기까지 바이킹과 같은 민족들 사이에서 계속 쓰였다. 가장 흔한 형태의 배로는 초기 신석기 시대에 만들어졌던 '롱' 배로(Long Barrow)다. '롱'이라고 하는 이유는 믿거나 말거나, 정말 길기 때문이지!

좋은 예로는 고대 잉글랜드의 것인 퍼셀의 통나무집 배로(Fussell's Lodge Barrow)가 있다.

고고학자들은 이걸 만드는 데 적어도 열 명이 동원되었을 거라고 추측한다. 이 배로는 이름 그대로 길이가 100m도 넘는 기다란 통나무집이다. 이 야트막한 나무 집은 그 후 천 톤이나 되는 백악(석회질의 흰 암석)과 흙에 묻혀 있었다.

통나무집 가장자리를 따라 백악을 파내는 작업에는 오직 사슴뿔로 만든 곡괭이만 사용되었다. 보나마나 백악을 파내기란 허리가 부러질 중노동이었을 테고 파낸 흙을 다시 배로 위로 올리는 건 목이 부러질 만큼 고역이었을 터….

기다란 배로의 한쪽 끝에는 보통 '시체 안치소'가 있었다. 바로 이곳에 시체를 썩게 놔 두었다가 살이 떨어지면 뼈를 깨끗이 긁어서 묻었던 것이다. 이런 배로는 다시 출입할 수 있게 만들어져서 사람들이 유골을 놓고 의식을 올릴 수 있었다. 퍼셀의 통나무집 배로는 수백 년 동안 사용되다가 버려졌다.

그러다 후기 신석기 시대와 청동기 시대에 이르러 배로는

'원형' 배로(round barrow)로 바뀌었다. 여러분은 그게 어떤 모양인지 절대 모를걸! 그래! 그건 세모 모양이었다…. 아니, 농담이고. 그것들은 둥근 돔 모양이었다. 물론 여러분들은 그게 어떤 건지 옛날 왕의 고분들을 봐서 잘 알겠지?

어처구니없는 언덕 I

이런 선사 시대 기념비 가운데 가장 이상한 것은 기원전 2700년경에 만들어진 실버리 힐(Silbury Hill)일 것이다. 높이가 40m 직경이 160m니까 너비는 세인트 폴 성당만하고 높이는 그 세 배에 이른다. 이 공사를 하는 데는 약 700명이 10년은 걸렸을 것이다. 스톤헨지보다 훨씬 많은 공이 들어간 이 유적은 잉글랜드에 있는 선사 시대 건축물 중 가장 크다.

1776년 몇 명의 광부들이 이 언덕의 비밀을 캐고자 꼭대기부터 바닥까지 구멍을 파들어 갔다. 1849년에는 이 언덕 한쪽을 통과하는 터널이 만들어졌다. 1969년에는 또 다른 터널을 파는 공사가 텔레비전 카메라에 기록되었다.

그래서 뭘 찾아냈을까?
a) 석기 시대 족장의 무덤. 아마 윌트셔 최초의 족장일 것임.
b) 최초의 석기 시대 왕족들이 쓰던 보물. 금, 은, 동전 등.
c) 말에 앉아 돌 갑옷을 덮은 어느

전사의 무덤.

d) 농부들이 묻었다가 파내지 않은 옥수수 더미.

어처구니없는 언덕 2

실버리 힐이 왜 거기에 생겼는지를 설명하려는 전설은 무수히 많다. 많은 전설에는 악마가 등장한다. 한 전설에 따르면 악마가 거대한 삽으로 흙을 떠서 디바이저스(Devizes)라는 마을에다 버리려고 했다고 한다. 그러자 마을 사람들이 꾀를 내어 낡은 장화를 한 자루 짊어진 구두장이를 악마에게 보냈다. 구두장이는 쉬고 있던 악마를 만났다.

"디바이저스가 얼마나 멀지?" 악마가 물었다.

구두장이는 자루에 든 장화들을 바닥에 쏟아 부었다. "난 3년 전에 디바이저스를 떠났고 이건 그 동안 닳은 내 구두들이죠." 구두장이가 설명했다.

악마는 한탄하며 말했다. "에이, 지옥에나 떨어져라! 거기까지 어떻게 가!" 그리고는 그 자리에 흙을 쏟아 버렸다. 이 흙더미가 바로 실버리 힐이다.

악마처럼 사악한 존재가 꽤나 멍청하다는 사실을 아는 건 기분 좋은 일이다! 머리가 조금이라도 있어서 길을 나서기 전에 지도를 살펴봤다면 디바이저스가 A361번 도로를 따라 13km만 더 가면 된다는 걸 알았을걸!

혹시라도 이 쓸모 없는 흙더미에 가 보고 싶어하는 사람이 있을 것 같아 경고 한 마디 하겠다! 전하는 말에 의하면, 이곳에는 황금 갑옷을 입고 말을 타고 묻힌 실 왕(King Sil)의 유령이 나온다고 한다(단, 실제로 그 왕이 있는 건 아니다. 고고학자들이 샅샅이 파헤쳤어도 그를 발견하지는 못했거든. 물론 산책 삼아 잠깐 나갔던 건지도 모르지만).

황금에 씌운 유령들

배로에 얽힌 옛날 이야기 중에는 감춰진 보물에 관한 것이 많은 것 같다. 석기 시대에는 금을 쓰지 않았다는 걸 여러분도 알고 있겠지(후기에 배로를 만든 사람들은 썼지만)? 하여간 금붙이를 찾으려는 탐욕 때문에 고대의 배로 무덤을 파헤치는 건 어리석은 짓이야. 잘 알지? 그런데도 탐욕에 눈이 어두워 땅을 파고 헤집어가며 찾으려는 사람들이 있다…. 무얼 위해서?

콘월(캐나다 남동부에 있는 도시)의 한 배로에는 고대 콘월의 왕이 은으로 된 노를 갖춘 황금 배에 탄 채 묻혔다는 얘기가 나

돌았다. 하지만 도굴꾼들이 찾아낸 것은 화장된 유해가 가득한 궤짝 하나뿐이었다. 다른 곳에도 황금 가마솥이니 황금 송아지니(이건 인기 품목이다), 은 관이니, 황금 갑옷을 입고 말을 탄 남자, 또 황금 궤, 황금 탁자, 심지어 황금 배로(barrow; 외발 수레)까지 있다고도 한다!

그런데 웨일즈의 브린 이 엘리혼 (고블린 힐)에는 황금의 전설이 있었으며 실제로 1833년 황금 케이프 (어깨 망토)가 발굴되었다(이 케이프

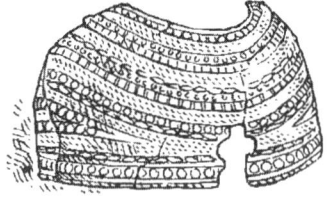

는 현재 대영박물관에 있으니 이 얘기는 사실이다).

그 무시무시한 전설에 따르면 고블린 힐의 배로에는 유령이 나오는데 그 유령은 황금 옷을 입고 있었다고 한다. 그런데 실제로 그 배로를 파들어 갔을 때 황금 케이프가 발견되었다.

그렇다면 그 유령 이야기가 진짜였다는 말인가?

으스스하지?

그만큼 무서운 이야기가 다음에 나오는 마법의 물을 든 미치광이 사제 이야기다….

사냥꾼의 공포

유령 이야기들

석기 시대 유적을 둘러싼 유령 이야기를 들으면 한심하고 믿어지지 않을지 모른다. 그러나 오래 전에 죽은 석기 시대 사람들의 영혼이 오늘날 고고학자들에게 심각한 문제를 일으키기도 한다.

수백 년 동안 사람들은 이런 고대 유골을 파면서 아주 중요한 사실을 잊고 있었다. 이 유골들도 한때는 살아 있는 사람이었다는 것을. 앞으로 5,000년 후에 여러분의 무덤이 파헤쳐져서 여러분의 뼈가 방사성 탄소 연대 측정법을 받는다고 상상해 보라. 생각만 해도 기분 나쁘고 화가 나지?

1970년대 말부터 그렇게 화를 내고 있는 사람들이 있다. 오스트레일리아에서는 애버리진(Aborigine; 오스트레일리아 원주민)들이 고고학자들이 발굴한 모든 것들을 자신들의 성지에 돌려달라고 요구하고 있다. 미국의 아메리카 원주민들은 더 적극적이어서 1998년 소송이 벌어지기도 했는데….

사라진 뼈 사건

어떻게 됐냐고? 여러분이 판사라면 뭐라고 했을까? 여러분은 옛날 사람들의 뼈를 파내어 실험을 하고 박물관에 보관해도 된다는 고고학자들의 의견에 동의하는지? 만약 그렇다면 얼마나 많은 불행한 영혼들이 잠을 설치게 될까?

아니면 아메리카 원주민들의 주장처럼 적당한 묘지에 뼈를 돌려줘야 한다고 생각하는지? 그렇다면 고고학이란 학문은 1998년으로 영원히 문 닫을 수도 있다!

결코 쉬운 선택은 아니다, 그렇지?

판결: 판사는 그 뼈들이 '과학에 도움을 주도록 발견되었을 거'라고 선언했다. 이로 인해 고고학자들은 원하는 모든 유골을 파헤치고 실험할 권리를 얻은 것이다. 하지만 고대인의 유령이 침대 발치에 나타난다면 판사는 그제서야 그 판결을 후회할지도 모른다!

최근에 마음씨 좋은 고고학자들은 가능하면 아무 때라도 그 뼈들을 도로 묻어 주고 있다.

맺는 말

사람들은 어제 일어났던 일에 관해 의견이 엇갈리기도 한다. 하물며 문자가 발명되기 전에 살았던 인류에 관한 일들에서는 더더욱 의견의 일치를 보기 힘들다.

선사 시대 사람들에 대한 우리의 견해는 새로운 것이 발견될 때마다 변한다. 그것은 작년과 올해가 다르고… 이번 주에 또 달라진다! 10년 전에 '옳은 것'으로 여겨졌던 견해들이 지금 보면 완전히 '틀린 것'이 되어 버린다…. 그리고 오늘의 견해 역시 다시 10년 후에 또 틀린 것이 될 수도 있다.

그럼 석기 시대에 관해 가장 최신의 뉴스는 뭘까? 가장 따끈따끈한 역사적 사실이 뭘까? 그건 바로….

> **석기 시대 사람들은
> 우리가 생각하는 만큼 끔찍하게 살지 않았다!**

두개골을 깨뜨려 두뇌를 빨아먹는 무시무시한 사냥꾼들의 이야기는 틀린 것일 수 있다. 틀렸다기보다 아예 낭설일 수도 있다. 실제로 석기 시대 사람들은 친절하고 사려 깊었을지도 모른다.

여기 한 네안데르탈인이 지닌 단서로 우리는 그가 어떻게 살았는지 추측해 볼 수 있다. 그게 사실인지는 여러분 스스로 판단하도록….

이 남자는 네안데르탈인치고는 꽤 오래 살았다. 마흔 살 정도였다. 그는 지지리 복도 없이 산전수전을 다 겪다가 결국 어느 동굴에 들어갔는데 마침 그 지역에 지진이 일어났다. 동굴 천장이 갈라지더니 그를 덮쳤다. 그는 그렇게 죽었다.

그는 어릴 때 다친 오른팔이 평생 다 자라지 않아 힘을 쓰지 못했다. 이 남자의 다리 관절은 부어 있었고(관절염) 한쪽 눈은 앞을 보지 못했다. 그는 한때 두개골을 다쳤는데 그건 치료되었다. 그러나 무엇보다 치명적인 것은 맹수와의 싸움에서 구사일생으로 살아남아 한쪽 팔을 완전히 못 쓸 정도로 다쳤다는 사실이었다. 그 손은 날카롭고 거친 칼로 절단되어 있었다.

이 네안데르탈인의 부족은 숲을 돌아다니며 덫을 놓고 활을 쏘아 동물을 잡고 과일을 따던 사냥꾼들이었을 것이다. 한쪽 눈이 멀고 다리를 저는 이 불구자는 활을 잡지도 못했고 다른 도구들을 쓸 수도 없었다.

19세기였다면 사람들은 그를 병원에 가두었을 것이다. 또 중세 시대 사람들이라면 그를 유랑극단의 구경거리로 만들었을 것이다. 또한 고대 그리스 사람들이라면 그를 언덕에 버려 두어 늑대 밥이 되게 했을 것이다.

그러나 석기 시대에, 그는 살아남았다!

이것은 무얼 의미하는가. 그를 도와주었던 누군가가 있었다는 뜻이다. 힘들게 구한 음식을 나눠 주고, 또 그의 상처를 돌봐 준 누군가가 분명히 있었다는 뜻이다!

틀림없이 누군가 그를 보살펴 주었다.
이래도 야만적인 석기 시대라 할 수 있을까?

앗, 시리즈 (전 70권)

앗, 이렇게 재미있는 수학이!

어렵고 지루했던 수학이 순식간에 쉽고 즐거워집니다. 수학의 기초 원리에서부터 응용까지, 다양한 정보와 교양을 골라서 일목요연하게 정리해 줍니다.

01 수학이 모두 모여 수군수군
02 수학이 수리수리 마술이
03 수학이 수군수군
04 수학이 또 수군수군
05 수학이 자꾸 수군수군 1. 셈
06 수학이 자꾸 수군수군 2. 분수
07 수학이 자꾸 수군수군 3. 확률
08 수학이 자꾸 수군수군 4. 측정
09 대수와 방정맞은 방정식
10 도형이 도리도리
11 섬뜩섬뜩 삼각법
12 이상야릇 수의 세계
13 수학 공식이 꼬물꼬물
14 수학이 꿈틀꿈틀

앗, 시리즈 (전 70권)

앗, 이렇게 재미있는 과학이!

어렵고 지루했던 과학이 순식간에 쉽고 즐거워집니다.
복잡한 현대 과학의 기초 원리에서부터 응용까지
다루고 있으며, 다양한 정보와 교양을 골라서
일목요연하게 정리해 줍니다.

- 15 물리가 물렁물렁
- 16 화학이 화끈화끈
- 17 우주가 우왕좌왕
- 18 구석구석 인체 탐험
- 19 식물이 시끌시끌
- 20 벌레가 벌렁벌렁
- 21 동물이 뒹굴뒹굴
- 22 화산이 왈칵왈칵
- 23 소리가 슥삭슥삭
- 24 진화가 진짜진짜
- 25 꼬르륵 뱃속여행
- 26 두뇌가 뒤죽박죽
- 27 번들번들 빛나리
- 28 전기가 찌릿찌릿
- 29 과학자는 괴로워?
- 30 공룡이 용용 죽겠지
- 31 질병이 지끈지끈
- 32 지진이 우르쾅쾅
- 33 오싹오싹 무서운 독
- 34 에너지가 불끈불끈
- 35 태양계가 티격태격
- 36 튼튼탄탄 내 몸 관리
- 37 똑딱똑딱 시간 여행
- 38 미생물이 미끌미끌
- 39 의학이 으악으악
- 40 노발대발 야생동물
- 41 뜨끈뜨끈 지구 온난화
- 42 생각번뜩 아인슈타인
- 43 과학 천재 아이작 뉴턴
- 44 소름 돋는 과학 퀴즈

앗, 시리즈 (전 70권)

앗, 이렇게 재미있는 사회·역사가!

어렵고 지루했던 사회·역사가 순식간에 쉽고 즐거워집니다.
사회·역사와 담을 쌓았던 친구들에게 생생한 학습 의욕을
불어넣어 줄, 꼭 필요한 정보와 교양만을 골라서 일목요연하게
정리해 줍니다.

- 45 바다가 바글바글
- 46 강물이 꾸물꾸물
- 47 폭풍이 푸하푸하
- 48 사막이 바싹바싹
- 49 높은 산이 아찔아찔
- 50 호수가 넘실넘실
- 51 오들오들 남극북극
- 52 우글우글 열대우림
- 53 올록볼록 올림픽
- 54 와글와글 월드컵
- 55 파고 파헤치는 고고학
- 56 이왕이면 이집트
- 57 그럴싸한 그리스
- 58 모든 길은 로마로
- 59 아슬아슬 아스텍
- 60 잉카가 이크이크
- 61 들썩들썩 석기 시대
- 62 어두컴컴 중세 시대
- 63 쿵쿵쾅쾅 제1차 세계 대전
- 64 쾅쾅탕탕 제2차 세계 대전
- 65 야심만만 알렉산더
- 66 위풍당당 엘리자베스 1세
- 67 위엄가득 빅토리아 여왕
- 68 비밀의 왕 투탕카멘
- 69 최강 여왕 클레오파트라
- 70 만능 천재 레오나르도 다 빈치